오만원
재테크

믿을 수 없는 세상에서 나를 지키는

오만원 재테크

욱대표 지음

이콘

오늘도 편범한 씨는 기도를 올립니다.

"신이시여, 금수저들은 가만히 있어도 사람들이 알아서 투자정보를 착착 갖다 준다는데. 전 이게 뭡니까? 돈 없어. 아는 것도 없어. 사기꾼 천지야. 저도 사람답게 좀 살게, 제발 저에게 돈다발을 내리스서!"

편범한 씨의 기도를 들으신 신께서 하시는 말씀.

"어휴, 맨날 똑같은 기도. 복권이라도 사야 맞춰주든지 할 것 아냐. 제발 기도만 하지 말고 금융상품이라도 하나 들던가, 하다못해 관련 공부라도 좀 해야 돕든지 말든지 하지.
그리고 내가 그 기도 들어주면 어떻게 살 건데? 생각은 좀 하고 기도하자. 아이고, 귀 간지러워."

주요 인물

편범한 사원

한국공업에 다니는 평범한 회사원. 물려받을 유산도, 모아놓은 재산도 없는 29세 남자. 보증금 1,000만 원에 월세 50만 원을 내는 오피스텔에 살며 금융투자에 대해서는 완전 초보. 매달 받는 월급의 실수령액은 200만 원 가량. 이런저런 빚들도 당연히 있음.

나중수 대리

맞벌이 부부로 36세. 일찍 투자에 눈을 떠 이것저것 투자하고 있으나 아직 많은 돈을 벌어보지는 못했음. 2억 5천만 원 상당의 아파트에 살고 있음. 주택담보대출 1억 2천.

노오련 팀장

FM의 전형. 편범한 사원. 나중수 대리와 함께 기획 2팀에
서 근무. 수리에 밝고 기억력이 좋음. 43세. 국민연금. 퇴
직연금. 개인연금의 3중 안전장치를 가지고 있음.

한국공업

경기도 남부에 위치.
200여 명의 직원이 자동차 부품을 만들고 있음.

목차

1장
20대 편범한, 연금에 들다

보증금 오백이 필요해
마이너스통장이냐 대출이냐
공부를 시작하다
펀드와 운용, 펀드매니저

2장
가입은 시작일 뿐, 펀드를 찾아라!

팀장님, 싸랑합니다
왜 연금을 들라고 하시는지
나에게 좋은 펀드를 찾아라
감맥집에서 배우는 72의 법칙

3장

순간의 선택은 안 된다

공부하다 일 못할라

숙제 검사

한 번에 되는 것은 없다

4장

아는 만큼 보인다

가치투자펀드를 찾다

투자의 원칙과 철학

인생 공부

그리고 6개월

1장

20대 평범한,
연금에 들다

보증금 오백이 필요해

마이너스통장이냐 대출이냐

공부를 시작하다

펀드와 운용, 펀드매니저

보증금 오백이
필요해

"범한 씨도 내 사정 좀 봐줘. 그 오피스텔 시세가 2년 전하고는 많이 달라졌어. 천에 육십이 보통이라고. 오백에 사십이면 진짜 싸게 살았던 거야. 소유주가 워낙 좋으신 분들이라 범한 씨 사정 많이 봐줘서 그렇게 했던 건데, 그 가격에 재계약하긴 어려워. 천에 오십까지는 맞춰줘."

"사장님. 그러지 마시고 딱 한 번만 더 부탁드릴게요. 중소기업 사원 월급 뻔한데 보증금 월세를 다 올리시면 어떡합니까? 월세는 그렇게 할게요. 보증금은 그냥 좀 봐주세요."

"거 참, 내 사정도 좀 봐달라니까. 이 오피스텔에만 내가 대신 관리하는 방이 30개야. 그중에 제일 좋은 조건으로 봐준 거라고. 더

14

이상은 힘들어. 아무튼 난 그렇게 알고 있을게. 다음 주말까진 결정해서 알려줘."

　기어코 서울 올라오고 싶어서 대학을 서울(정확히는 서울 인근. 모 대학의 경기도 캠퍼스)로 온 지 벌써 9년차다. 넉넉한 살림은 아니었으나 부모님은 꼬박꼬박 하숙비를 보내주셨고, 용돈과 학비는 아르바이트와 학자금 대출로 충당했다. 하숙비 아껴보겠다고 고시원에도 한동안 있었는데, 밥 챙겨먹기도 힘들고 사람 사는 재미도 덜하고 해서 대부분은 하숙집에서 보냈다. 취업하면서 통근하기 편하도록 지하철과 가까운 오피스텔로 옮겼다. 그래도 공대생이라 취업 재수는 안 했다.

　취직을 하면 돈을 모으진 못해도, 돈이 없지는 않을 거라는 생각이었다. 한국공업 2년차 사원. 올해 초 연봉이 200만 원 올라 2,800만 원. 월 수령액 딱 2,047,190원. 그래도 월 이백 넘게 버는데 설마 무슨 문제가 있으랴 싶었다. 지난 주말 부동산 아저씨의 전화를 받기 전까지는……

　월세 10만 원 오르는 거야 어찌 해보겠는데, 보증금 마련이 문제다. 학자금 대출 있지, 이래저래 마이너스통장 300만 원 썼지. 엄마한테 손벌리기는 싫은데, 지난번 보증금도 결국은 엄마한테서 나온 건데, 용돈을 드리지는 못할망정 또 부탁해야 하나. 한 달에 50만 원, 아니 40만 원 씩만 모았어도 오백은 기본인데 그걸 못 모앗나? 금수저니 은수저니 괜히 밥 먹는 숟가락 가지고 사람을 가르는 건 뭐하는 짓이야? 눈앞에 보이는 건 전부 다 아파트인데, 도대체 내 것은 어디 있는거야? 무슨 수로 사람들은 몇 억씩 모으고 사는 거지?

오만 가지 생각에 머리는 복잡하고 일은 손에 안 잡힌다. 점심시간 10분 전. 담배나 한 대 피고 밥이나 먹으러 가야겠다.

사내 식당 근처의 흡연 구역으로 내려와 담배에 불을 붙이는 순간. 주머니에 있던 휴대폰이 요란을 떨기 시작한다.

지이이~잉~ 지이이~잉~

어라. 엄마다. 아들이 보증금 걱정하는 소리가 들리셨나? 갑자기 이 시간에 웬 전화? 근무시간 중에는 전화 안 하시는 분인데…….

"엄마가? 뭔 일 있나? 이 시간에 어쩐 일로 전화고?"

"머 일 있어야 전화하나? 그냥 함 했다. 밥 묵을 때 됐제?"

"응, 이제 막 식당갈라꼬 나왔다. 점심 불고기란다. 회사 밥 좋다. 걱정 안 해도 된다."

"아랐따. 마이 무라. 끊을란다."

"먼데? 먼 일 있제?"

"느 아부지 나무에서 떨어져뻤다. 인대 늘어났다고 기브스하고 있다. 다 늙어서 먼 고생이고."

"입원은 안 해도 되나?"

"안 한단다. 비싸다고 그냥 와뻤단다."

저 멀리 아버지 목소리도 들린다.

"머할라꼬 일하는 아한테 전화질이고. 괘안타. 아부지 괘안타."

"하이고 먼 팔자에도 없는 농사를 짓겠다고 이 쌩난리고. 감도 좋드 않트마는……."

"됐다. 전화 이리 도."

"됐구마. 야도 밥 묵는다 카이. 범한아, 밥 챙겨 묵고 또 통화하자 이."

"알았따. 내 전화하께."

작년에 퇴직하시고 퇴직금 다 털어 조그맣게 농장을 하시는 아버지. 말이 좋아 농장이지 자투리 땅 500평에 감나무 좀 심고, 이것 저것 밭작물을 길러보고 계신다. 그냥 시골 어르신 심심풀이로 하시는 거지. 경남의 작은 조선소에서 평생 관리직으로만 일하신 분이니 일이 익숙할 리가 없다. 별로 크지도 않은 감나무던데 거기 감따러 올라가셨다가 떨어졌나보다. 인건비나 건질까 싶은 농장인데

병원비가 더 나오겠다.

혹시나 보증금 좀 빌려볼까 하던 생각은 이미 달나라로 가버렸다. 결국은 마이너스통장에 기댈 수밖에 없나? 그나마 금리가 좀 떨어진 게 도움이 될라나?

마음을 편히 갖고 긍정적으로! 항상 그러했듯이 또 긍정적으로!

난 매달 이백도 넘게 버는 직장인이다! 회사에선 공짜밥도 준다!

내가 부양해야 할 가족도 없고, 부모님께 생활비를 드려야 하는 처지도 아니다!

앞으로 미래가 밝은, 비록 끝나가기는 하지만 난 20대다!

가자! 식당으로! 먹자! 불고기로!

담뱃불을 끄고 식당으로 향하는데 갑자기 뒤에서 누군가가 헤드록을 걸어온다.

"편범한, 먼저 나와 있었네. 가자, 밥 먹으러."

"아, 진짜. 아파요, 선배."

"세게도 안 했구먼 괜히 엄살이야. 가자, 빨리."

나중수 대리. 뛰어난 능력을 가진 회사원은 절대 아니다. 하지만 트집 잡기 어려운 캐릭터. 일도 적당히 잘하고, 사람도 좋은 편이고, 외모 번듯한데다, 집도 좀 사는 모양. 30평대 아파트를 소유(!)하고 있는 부러운 인간. 가끔 술 먹자고 꼬드겨서 항상 n분의 1을 외치는 약간의 짠돌이. 대신 자기가 아는 것은 다 알려주려고 애쓰는 나의 유일한 사수. 눈이 마주치면 항상 웃어주는 좋은 선배.

뒤에서 헤드록 걸어오는 거야 매우 익숙한 일인데 오늘은 괜히 짜증을 부렸다.

식당 반찬에도 괜히 신경질이 난다. 불고기라더니 야채가 왜 이리 많이 들어가 있어?

맛있다며 연신 감탄사를 날리며 수저를 놀리는 선배. 저 선배는 으백 정도로 고민 안 하겠지. 금수저는 못 돼도 은수저 집안은 될 거야. 아~ 부럽다. 난 딱 이 쇠수저나 될까? 아니면 흙수저인가?

"무슨 일 있냐? 입맛이 없어?"

"아니에요. 그냥. 간이 좀 심심하네요."

"쌈장 비벼서 먹어. 여기 이모님들 짠 음식 안 좋아하신다. 건강에 안 좋다고."

"네……."

성의 없게 숟가락질을 하는 날 보며 선배가 한마디 던진다.

"어제 회의에서도 기획안 좋다고 칭찬받았으니 회사일은 아닐 테고, 여자? 부모님이야? 돈이야? 혼자 고민해봐야 답 안 나온다. 얘기해! 아님 이따 저녁에 치맥이나 한판 하던가. 그러고 보니 오늘 월급날이네. 이따 보자. 물론 계산은 엔빵이다. 하하."

"예. 엔빵. 엔빵하시죠."
"오~케이."

그래. 고민은 고민이고 일단은 먹자. 쇠수저든 흙수저든 밥만 잘 뜨면 됐지.
어제 뉴스에서 본 고려대 학생의 글이 생각난다.

너무 수저 탓하지 말자.
나는 부모님께 좋은 흙을 받았다.
거기서부터 시작하면 된다.

마이너스통장이냐
대출이냐

띵동. 휴대폰 요금 54,470원이 출금되었습니다.

띵동. ○○○○오피스텔 관리비 112,530원이 출금되었습니다.

띵동. 학자금 대출 원리금 상환액 300,000원이 출금되었습니다.

띵동. ○○ 신용카드 지난 달 결제금액 423,250원이 출금되었습니다.

띵동. ○○ 보험 실손의료보험 27,360원이 자동이체 되었습니다.

띵동. 월세 400,000원이 자동이체 되었습니다.

띵동.

띵동.

띵동.

…

월급님이 로그아웃하는 소리가 계속 들린다.

굳이 통장 정리 안 해봐도 뻔하다. 마이너스 삼백에서 마이너스 백 언저리로 왔다가, 이 띵동 소리들과 함께 다시 주르륵~. 마이너스 이백 오십쯤? 다음 월급날이 가까워지면 다시 또 삼백. 더 내려가지만 않았으면 좋겠다.

기다리는 것은 연말 상여금과 연차휴가 보상비. 그러면 마이너스는 벗어나려나?

아니다. 나는 다음주에 다시 마이너스 오백을 받아야 한다.

이래서야 내집 마련은 고사하고 연애도 못하겠다.

그리고 시간은 흘러 퇴근 시간.

"자, 이제 퇴근들 하십시다. 좋은 저녁들 되세요."

"네. 내일 뵙겠습니다. 가자, 편범한."

호프집에 자리를 잡고 치킨과 생맥주 500cc 두 잔을 시켰다. 치킨이 나오기도 전에 먼저 나온 오백 한 잔을 원샷했다.

"오~. 오늘 좀 달리려나 보네. 이제 얘기해봐. 왜 이렇게 울상이야?"

맥주의 힘이었을까? 말이 막 나온다.

"대리님. 오백 있어요?"

"오백? 맥주 오백? 여기 있잖아? 네 꺼? 시키면 되지. 여기요! 오백 하나 더 주세요."

"아니 그거 말고. 500만 원이요. 아니다. 대리님한테야 오백 정도는 당연히 있으시겠죠."

"무슨 소리야. 아, 오피스텔 보증금 올려달래?"

"보증금은 올려달라지. 월급은 들어오는 족족 빠져나가지. 부모님 형편은 뻔하지. 결국 마이너스로 연명해야죠. 월급날인데 더 힘드네요."

"그래서 이렇게 하루종일 죽을상이었구면. 그래 오늘 재테크 강의 함 하자."

"무슨 뾰족한 수가 있나요?"

"마이너스는 쓰지 마라. 신용대출이든 보험담보대출이든 다른 방법을 찾아."

"네? 마이너스통장으로 빌려서 줄여나가는 게 낫지 않아요?"

"마이너스는 습관이야. 급한 대로 일단 마이너스통장 쓰고 아껴서 매달 줄여나가겠다는 생각은 위험해. 절대 안 줄어든다. 너 지금도 마이너스 쓰지?"

"네."

"그거 줄어들디? 아님 계속 늘어나디?"

"이상하게 계속 늘어나던데요."

"그것 봐. 마이너스 한도가 커지면 커질수록 왠지 내 돈인 거 같아서 계속 그렇게 쓰게 된다니까. 차라리 매달 얼마씩 갚는 형태의 대출을 써. 500만 원. 이자 5프로 잡고. 2년 안에 갚겠다고 생각하면 매달 22만 원이면 대충 갚겠네."

"아니 그게 바로 계산이 되세요? 그것보다 그 계산이 맞아요?"

"맞을걸."

"22만 원. 1년이면 264만 원. 2년 528만 원."

"그래."

"이자가 5프로면 1년에 25만 원씩. 2년이면 50만 원인데요?"

"원리금 상환으로 들어가면 이자도 계속 줄어들어. 첫 달에야 오백에 대한 이자를 내야 하지만 마지막 달에는 이자 거의 없어. 매달 줄어드는 이자 감안하면 네가 계산한 이자의 절반 정도 된다."

"이야~ 대리님이 또 이런 방면에 소질이 있으셨네요."

"적금이든 대출이든 꼭 내야 한다는 압박이 있어야 그 돈을 마련하게 돼. 이자도 조금은 아낄 수 있고. 같은 금리의 마이너스통장이라도 2년 안에 갚겠다는 생각이 없고, 매달 이자 나가봐야 2만 얼마 나간다고 생각하면 그 돈 없어도 산다는 생각에 갚을 노력을 안 하게 된다."

"정말 그러네요. 진짜 좋은 정보, 감사합니다."

"대신 매달 상환할 돈을 마이너스통장으로 마련하는 건 안 돼. 아낄 수 있는 만큼으로 상환 계획을 잡아야 해!"

여기까지는 정말 도움이 되는 말이었다. 막연하게 마이너스통장으로만 해결하려던 보증금 문제를 어떻게 빌리고 상환해야 할지 머릿속에 대충 계획이 섰다.

그런데 내가 너무 좋아했던 것일까? 나에게 도움이 되라고 하시는 말씀이겠지만, 나 대리님이 계속 진도를 나간다.

"최대한 아껴서 대출 다 상환하고 나면, 그때부터는 종잣돈 만들어라. 똑같아. 매달 22만 원씩 2년 적금하면 원금 528만 원에 이자소득세 제하고도 이자가 십수만 원은 붙어. 월급이 오르면 오른 만큼 또 모아. 그러다보면 일이천만 원 금방 모은다.

그 돈을 바탕으로 주식투자를 하든, 목돈 굴리기 통장을 몇 개

돌리든 하면 돈 불어나는 재미가 쏠쏠해. 어느 정도 모이면 발품 팔아서 좋은 부동산도 찾아보고. 경매도 괜찮지. 나 지금 사는 집 경매로 받은 거잖아. 2억 5천에 받았는데 지금 3억 가더라.

주식이나 부동산 같은 투자가 부담스러우면 보험도 나쁘지 않아. 위험 대비도 되고 원금 깨질 일은 없으니까."

"아이고, 제가 지금 그런 걸 생각할 여유는 안 되고요."

"여유는 계속 안 생겨. 틈날 때 이런 얘기도 듣고 꿈도 가지고 해야지. 일단 중요한 게 이 일이천만 원 종잣돈을 어떻게 굴리느냐 인데, 어때 주식 공부 좀 해봤어? 주식이란 게 말이야……."

점점 치킨이 맛없어지기 시작했다. 갑자기 치킨의 가슴살이 퍽퍽하게 느껴졌다. 나 대리님은 자기 경험과 지식을 총동원해 나에게 무언가를 알려주고자 애를 쓰고 있지만, 내 귀에는 하나도 들어오지 않았다.

"자, 오늘은 여기까지! 아~ 목마르다. 한잔해!"

"네. 오늘 말씀 감사했습니다."

"그래. 일단 보증금 문제부터 막고. 다시 또 이야기해보자."

"……."

공부를
시작하다

며칠 뒤. 아침 회의를 마치고 휴게실에 앉아 커피를 마신다.

보증금 문제는 해결했다.

주거래 은행에 재직증명서와 소득증명 서류를 내고 500만 원 대출을 받았다. 아예 1,000만 원쯤 받아서 기존의 마이너스까지 싹 털어버릴까 하다가, 그랬다 또 무슨 일 생기면 다시 마이너스통장 만들어야 하고, 매달 상환액도 부담되기에 그냥 500만 원만 받았다. 상환은 2년이 아닌 3년으로, 매달 15만 원가량을 내는 것으로 정리했다.

최대한 아껴서 그 안에 마이너스통장도 정리하고, 돈도 좀 모아… 모을 수 있을까?

월급이라도 많이 오르면 좋을 텐데.

"어이, 편범한."
"나 대리님."
"전에 그 보증금 문제는 해결됐어?"
"네, 덕분에."
"그래. 잘 됐네. 이제 슬슬 다음 공부해야지. 재테크 공부도 좀 하고, 주식도 좀 보고."
"그 날도 말씀드리려고 했는데, 전 아직 그럴 형편이……."
"공부에 형편이 무슨 상관이야. 그냥 하면 되지."
"대리님. 대학 다닐 때 아르바이트 해보셨어요?"
"갑자기 이게 무슨 소리야?"
"안 해보셨죠? 학자금 대출 이런 거 안 받아보셨죠?"

그래. 내가 치킨집에서 해야 했던 말이 이거였어. 출발점이 다른 사람이 나에 대해 너무 쉽게 생각하고 자기 이야기만 했던 거야. 얼굴에 열이 나기 시작하고 말이 빨라졌다.

"아르바이트 진짜 신물이 나도록 해봤습니다. 편의점, 카페, 아이스크림 가게는 기본이었고요, 이삿짐센터, 공사장 막일까지 일당 많이 준다고 하면 무작정 쫓아갔습니다. 대리님 때는 과외도 많이 하셨죠? 저 대학 다닐 때 보면 과외 시장도 이미 포화더라고요. 전업 과외 선생님도 많은데 대학생 왜 쓰냐고요.

그나마 하숙비라도 대주시는 부모님께 감사드리며 학비와 용돈은 제 손으로 벌려고 노력하고 살았습니다. 그랬어도, 저 졸업할 때 학자금 대출이 딱 1,400만 원이더라고요. 지금도 매달 30만 원씩 갚고 있는데 아직 멀었습니다. 오피스텔 보증금 올려주느라 이제부턴 또 15만 원씩 더 갚아야 합니다.

종잣돈이요? 언제나 모을까요? 한 3년 지나 대출 좀 정리되면 그대나 시작할 수 있을 텐데요.

모았다 쳐도 뭐로 굴리죠? 예금 금리는 바닥이고, 부동산은 오를 대로 올랐는데요. 몇 천만 원 모으기도 힘들지만 그 돈으로 살 부동산도 없습니다. 옛날에야 아파트 사면 몇 배씩 오르고 했다지만 지금은 그렇지도 않고요.

부자들은 투자 기회도 많이 생기더군요. 은행에 가도 그들은 PB Private Banker들 따로 만나 다른 상담을 받고, 투자 교육부터 정보 제공까지, 심지어 부유층들끼리 취미활동이나 맞선도 주선하더군요. 그 집 아이들도 따로 챙기고요.

거기에 비하면 전 솔직히 은행에서 달력 하나 못 받아 봤습니다.

주식이요? 저희 부모님은 물론이고 사돈에 팔촌까지 친인척 중에 주식으로 돈 번 사람 한 명도 없습니다. 유행처럼 다들 했다가 된통 물렸죠.

할 돈도 없을 뿐더러, 돈이 있다 한들 어디에 투자해야 돈이 되는지 정보도 없고, 정보를 줄 사람도 없습니다. 그런데 제가 무슨 주식 공부를 해요."

내가 이렇게 말이 많은 사람이었나? 갑자기 쏟아낸 말에 나도 놀라고 대리님도 놀라 서로 얼굴만 쳐다보는 상황이 몇 초간 계속됐다.

"범한 씨. 지금 뭐하는 거야?"

고개를 들어보니 노오련 차장님이셨다. 자리에서 벌떡 일어났다. 정말 열심히 일하고, 자기의 공은 함께 한 팀원들에게 돌리고, 문제가 생기면 먼저 수습해주시는 우리의 팀장님. 그런데 그런 분 앞에서 이게 무슨 추태람. 어디서부터 들으신 걸까?

"팀장님. 저 그게……."

"없어서 못하고, 해도 안되고, 그런 자세면 회사는 왜 다녀? 어차피 안될 거."

"팀장님. 그게 아니고 지난주에 제가 이 친구에게 재테크 교육을 좀 했는데요. 거기에 불만이 좀 있었던 것 같습니다. 회사일하고는 전혀 상관없습니다."

나 대리님이 나서서 일의 상황을 설명했지만 팀장님의 굳은 얼굴은 펴지지 않았다.

"인생 잠깐이라지만 살아야 하는 사람한테는 길기만 한 게 인생이야. 그 인생을 긍정적으로 보지 못한다면 무슨 재미가 있겠어?

범한 씨 사정을 나 대리가, 사회가 몰라준다고 화가 나서 막말하는 거 같은데, 그러는 범한 씨는 나 대리 사정을 아나?"

"죄송합니다."

"휴~. 2년 가까이 데리고 있었으면서 자네 사정 몰랐던 나도 창피할 일이다. 앉아. 범한 씨는 커피 있고, 나 대리도 커피 할거지?"

"네. 제가 타겠습니다."

"됐어. 아무나 타면 되지."

휴게실 한 구석. 갑자기 우리 팀의 회의 장소가 되버렸다. 회의 내용은 편범한 혼내기가 되려나? 커피 두 잔을 타와 테이블에 내려놓은 팀장님이 말씀을 이어갔다.

"범한 씨 보증금 올려줘야 하는 것 때문에 고민이 많다는 얘기는 나 대리 통해서 들었어. 그래 그 문제는 잘 해결됐고?"

"네. 해결됐습니다."

"왜? 돈 문제로 신경쓰다보니 세상일이 이상하게 돌아가고 짜증나?"

"아니, 꼭 그렇다기보다는……."

"아냐. 짜증날 수도 있어. 원래 가진 사람들이 더 많이 가지게 되고, 올라갈 사다리는 없어지고, 불평등은 심해지고 있으니까. 『21세기 자본』을 쓴 피케티 교수도 그런 말하잖아. 자본소득이 노동소득보다 높다고.

하지만 그렇다고 해서 회사 내에서 자기 사수한테 목소리를 높이는 건 말이 안 돼."

"죄송합니다."

"혹시, 나 대리가 금수저로 보였나?"

"아니 뭐 꼭 그렇다기보다는……. 그래도 집도 있으시고."

"나 대리. 집사람 지금도 일하고 있지?"

"그럼요. 빚 갚아야죠."

"내가 알기로 나 대리 집이 2억 5천? 아마 빚이 1억 2천 정도 있지? 결혼할 때 빌라 반전세 보증금 5,000만 원으로 시작했으니까. 그래도 팔천은 모았네? 그 집으로 집들이 갔던 게 엊그제 같은데. 세월 빨라."

"그러고 보니 이사 간 집, 집들이 한번 해야 하는데 경황이 없어 못했네요. 조만간 날 잡겠습니다."

"그래. 제수씨도 한번 봐야지. 아, 결혼 전에 신용카드 현금서비스 1,000만 원 있던 거는 다 해결한 거야?"

"아이, 팀장님도. 그걸 꼭 편범한 앞에서 말씀하셔야 돼요? 진작 집사람한테 걸려서 신용카드 다 잘리고 그것부터 갚았죠."

이게 뭐지? 나 대리님도 그렇게 넉넉한 형편은 아니었나? 신용카드 현금서비스?

팀장님의 말씀은 계속 이어졌다.

"아까 언뜻 들으니 나 대리 보고 아르바이트는 해봤는지, 학자금 대출은 받아봤는지 물었지? 내가 알기로는 나 대리도 이것저것 많이 해본 사람이야. 대신 기술을 배웠지. 비디오 촬영이었지 아마?"

"네. 학교 방송국에서 일하면서 촬영, 편집일을 좀 배웠습니다. 결혼식이나 회사 행사 같은 거 촬영해서 편집해주는 일이었는데, 알바비보다야 짭짤했죠. 공부는 못했어도 학교 방송국에서 일한다고 근로 장학금도 받았고요."

"집에서 통학했고, 학비의 반은 장학금 받았고, 용돈은 자기 아르바이트로 충당했고. 어때? 범한 씨보다 사정이 조금 나을 수는 있었겠지만 그렇다고 금수저도 아니지?"

"네, 그……."

"며칠 전에 맥주 마셨다며? 그건 나 대리가 샀나?"

"네? 아니요. 나눠서 냈는데요?"

갑자기 나 대리님 얼굴이 빨갛게 달아올랐다. 절대 들키면 안 되는 비밀을 들킨 사람처럼.

"호, 그래? 나 대리. 어떻게 된 거야? 너 항상 선배들한테는 후배 사랑 나라 사랑이라며 항상 뜯어먹잖아? 심지어 지난번에는 택시

비까지 뜯어가던데? 그러면서 '저도 후배들 따로 만나면 다 사주고, 택시비 주고 그럽니다'라고 하지 않았어?"

"그……. 오늘은 왜 커피가 좀 쓰네요?"

"내가 한번은 확인해봐야지 했어. 범한 씨, 나 대리가 이런 짠돌이야. 그나마 반은 낸다니 다행이네. 혹시나 '좋은 말 들었으니 네가 내' 하면서 뜯어먹을까 걱정했는데."

"아이고, 마나님. 조만간 우리 통장에 펑크가 나게 생겼습니다. 네. 제가 한번 쏠게요. 여기까지만 하시죠."

"하하, 나한테 말고 범한 씨한테나 자주 쏴!

다음 이야기 해보자. 아까 또 무슨 얘기를 했더라?

아. 빚이 많은 건 잘 아끼고 참아가면서 갚아야 될 문제일 거고. 돈도 없는데 무슨 투자 공부냐 그런 얘기 있었지? 금리도 낮고 부동산은 꼭대기고, 주식투자는 위험하고?

그런데 노력은 해 봤어? 가르쳐주는 사람이 없으면 스스로 공부해서라도 더 나은 방향을 찾아야지? 이 공부는 한 번에 확 해결되는 문제가 아니야. 아무리 뛰어난 PB를 만난다 하더라도 몇 배씩 뻥튀기해주는 비법은 없어. 긴 시간 동안 스스로 확신을 갖도록 노력하고 지속적으로 투자를 해야 성과가 나오는, 말 그대로 투자를 해야지. 대박을 노린다면 그건 투자가 아니라 투기야!

금리가 낮다 하더라도 이자소득세가 면제되는 비과세 상품을 찾거나, 더 이자를 많이 주는 금융 기관을 찾으면 돼! 발품만큼 그 이익이 늘어나.

부동산은 초기 투자 비용이 크니 아직 공부할 때가 아니고, 주식은 공부해봐. 작은 금액으로도 얼마든지 투자에 대한 공부를 할 수 있어. 무턱대고 덤벼드는 게 문제지, 하나하나 이해하며 공부하다보면 위험은 피해갈 수 있어. 처음에는 직접 할 생각 하지 말고 너의 투자스타일을 찾는다 생각하고 거기에 맞는 펀드를 찾아. 많은 시간이 들지도 않아. 3년이면 대출금 상환이 끝난다고? 그 기간 동안 소액이라도 맡기고 지켜봐.

그렇게 해볼 생각이 있다면 나라도 도움 줄 수 있을 거야."

"정말 도와주실 수 있으세요?"

일하면서 느낀 팀장님은 정말 대단한 분이셨다. 지난번 액추에이터 신제품 기획을 할 때 느낀 건데 기존 제품의 문제점과 이에 따른 주요 개선 사항을 우선순위별로 가르고, 그에 따른 설계상의 문제나 소재의 변화, 제품원가와 판매 가능 여부까지 막히는 것이 없었다. 심지어 팀원들이 바로 이해를 못하면 올바른 방향을 잡을 수 있도록 도와주는 역할까지도 완벽하게 해내신 분이다. 왠지 팀장님과 함께라면 내 금융투자도 올바른 방향과 개념을 잡을 수 있겠다 싶었다.

"우리 팀장님, 꽤나 고수셔. 주식투자로 집을……."

"나 대리. 엉뚱한 소리로 초보자 바람 넣지 말고, 자네가 범한 씨 입장이라면 어떻게 투자할 건지나 말해봐."

"넵. 저라면 우선 얼마씩 얼마 동안 투자를 해서 얼마나 모을 건지부터 정하겠습니다. 목적을 분명히 하는 게 좋습니다. 결혼 자금 마련, 내 집 장만 같은 목적을 가지고 거기에 맞게 투자 계획을 세워서……."

"자네도 그렇게는 못했잖아? 입사하고 1년 동안 흥청망청 쓰고 돌아다니다가 훌륭한 마나님 만나 정신차리고 돈 모은 거잖아? 자기도 그렇게 못 했으면서 왜 그걸 범한 씨한테 강요하나?"

"네? 아니, 전 그렇게 못 했어도 그게 재테크의 정석이라서……."

꿩 잡는 게 매라고 나 대리님은 팀장님한테 꼼짝을 못했다. 그리고서 나한테 떨어진 첫번째 숙제!

"됐고. 범한 씨. 내 말대로 해볼 생각 있어?"

"네. 무조건 따르겠습니다."

"매달 5만 원은 만들 수 있지?"

"5만 원이야 뭐……."

"좋아. 지금 당장 회사 앞 사거리에 있는 은행이나 증권사에 가서 매달 5만 원씩 이체되는 연금저축계좌 하나 만들어서 와. 창구 직원이 뭐라뭐라할 텐데 그 말 듣지 말고 계좌만 만들어서 와. 지금 가. 당장!"

"네? 아무데나 가서요?"

"그래, 은행에서도 만들 수 있고 증권사에서도 만들 수 있으니까 아무데나 가까운 곳으로 가라고. 연금! 저축! 계좌만 만들어 오면 돼!"

"사거리 건너기 직전에 오른쪽으로 한국증권이 제일 가깝긴 하네."

"넵."

(평범한 사원이 계좌를 만들러 먼저 나가고 난 후)

"나 대리, 아까는 내가 자네 말을 자른 게 돼 버렸네. 미안, 섭섭했지?"

"아니요. 괜찮습니다. 그런데 팀장님. 돈을 모으는 데 목적이 없으면 그게 더 힘들지 않을까요? 게다가 연금저축은 5년 이상 넣어야 하고 만 55세 이후에나 받을 수 있잖아요?"

"목적이라⋯⋯. 3년에 2,000만 원
도아서 차 사고, 5년에 3,000만
원 모아서 결혼 비용

에 보태고 뭐 이런 거? 내 생각에는 이런 목적이 지금의 범한 씨한 테는 별 의미가 없을 것 같아. 젊었을 때는 뭐든 갖고 싶지. 나에게 정말 중요한 게 뭔지를 따지기보다는 남들이 보기에도 좋은 그런 것들 말이야. 나 대리는 어때, 지금 투자를 하는 목적이 분명해?"

"저희는 이제 애기 가지려고요. 산후조리원비도 마련해야 하고, 집사람 육아휴직 기간 동안 돈 걱정 없이 편히 쉬게 하려면 목돈이 좀 필요할 것 같아서요. 작년부터 매달 20만 원씩 적립식 펀드 하나 들었어요. 애가 빨리 생기면 빨리 볼 수 있어서 좋고, 애가 늦게 생기면 준비 자금이 더 많이 모일 거고 뭐 그런 마음이에요."

"결국은 그 또한 만기가 정해지지 않은 상품이네."

"그도 그러네요. 하하"

"그래도 자네는 몇 년간 훈련이 돼서 이렇게 구체적인 꿈을 꾸는 거야. 아직 범한 씨한테는 무리야. 그리고 만기가 짧은 상품으로 시작하게 되면 마음이 좀 조급해지는 것도 사실이야. 없던 목돈이 생기면 그걸 어떻게 써야 할지 고민이 되기도 하고. 자네도 느꼈겠지만 난 범한 씨한테 주식투자의 기본을 가르치려고 해. 그걸 배우는 데는 오히려 연금계좌처럼 만기가 긴 장기투자가 유리할 거야. 어때, 내 말이 이해가 좀 되나?"

"저희 집사람이 그랬어요. 간절히 원하면 이루어진다고. 그 말을 하면서 가장 중요한 것이 '간절히'라는 단어라고요. 그냥 대충 목적을 정하는 것이 아니라 살면서 진짜 간절해지는 것들을 목적으로 잘아야 한다는 말씀이시죠? 장기투자가 맞는다는 것은 저도 누구이 들어서 잘 아는 내용이고요."

"그래, 좋아. 역시 나 대리야. 부탁할 것이 있어. 나 점심 약속에 외근까지 있어서 지금 나가면 이따 퇴근할 때나 들어올 거야. 범한 씨 오면 연금, 펀드가 뭔지, 운용이 뭔지, 이런 기초적인 것들 좀 가르쳐주라고. 대신 저녁에 같이 소주 한잔하지. 물론 내가 사는 걸로."

"야호! 감사히 잘 먹겠습니다."

◇

동네마다 은행은 있다. 하지만 사실 나 같은 소시민에게 은행은 특별히 갈 일도 없는 곳이다. 통장 만들 때, 대출 서류 갖다줄 때, 인터넷뱅킹을 위해 공인인증서나 OTP카드를 발급받는 정도? 지난 2년 동안 네 번 정도 간 것 같다.

증권사는? 솔직히 이번에 처음 가봤다. TV 화면에서 보던 증권사는 한쪽 벽이 전광판으로 되어 있고, 온갖 회사 이름과 숫자, 화살표들이 반짝이던데, 회사 앞 증권사는 TV가 몇 대 더 있을 뿐 은행과 별 차이가 없었다.

쭈뼛거리며 대기표를 뽑고 차례를 기다렸다.

"137번 고객님."

"네."

"무엇을 도와드릴까요?"

"연금저축계좌 하나 만들려고 왔습니다."

"네, 신분증 주시겠어요?"

"여기 있습니다."

"연금저축은 처음이시죠. 포트폴리오 추천 좀 해드릴까요?"

"포트폴리오요?"

"네, 저의 한국증권에서는 고객님의 투자성향과 기간에 맞춰 추천 포트폴리오를 제공하고 있습니다."

"그것까지는 생각 안 해봤는데……."

아차 싶었다. 만들어 오라니까 무턱대고 오기는 했는데, 포트폴리오라니?

스크랩북을 얘기하는 건 아닐 테고, 펀드를 여러 개 섞자는 이야기인 듯한데? 펀드 자체가 여러 주식을 나눠서 담고 있는 거 아냐? 그 펀드를 또 여러 개 들으라고? 겨우 5만 원인데 이걸 나누는 게 의미가 있나?

"일단 계좌만 만들어 오라고 해서 온 거거든요. 포트폴리오는 다음에 정해도 되는 거죠?"

"네, 그럼요. 오셔서 하셔도 되고, 인터넷으로 정하실 수도 있어요. 인터넷으로도 하실 수 있게 도와드리겠습니다. 종이통장 필요하세요?"

"만들어주세요."

"투자에 도움되시라고 관련 책자들 좀 챙겨드릴게요. 노후를 위한 좋은 준비되시기 바랍니다."

증권사 지점을 나서면서 뭔가 해냈다는 뿌듯함과 동시에 한편으로는 직원의 설명을 100% 이해하지 못하는 내 무식함에 대한 아쉬움과 노후를 위한 자산 관리를 시작했다는 안도감이 한꺼번에 밀려왔다. 계좌를 만드는 데 필요한 시간 10분. 그 10분 전의 나와 지금의 내가 좀 달라진 느낌?

궁금한 것들은 잔뜩인데 어디부터 물어봐야 할까 하는 생각도 들었다. 팀장님과 대리님이 도와주시겠지!

그나저나 지금 시간이……. 점심시간 5분 전. 빨리 가야겠다.

펀드와 운용,
펀드매니저

"계좌는 잘 만들었어?"

"네, 만들긴 만들었는데요. 직원이 포트폴리오 만들라기에 할까 하다가 그냥 왔습니다. 뭘 해야 하는지도 모르겠고, 팀장님도 그냥 계좌만 만들라고 하셨지 다른 말씀은 안 하셨잖아요."

"잘했어. 어떤 펀드에 들지는 좀더 고민해보자고."

"펀드요? 포트폴리오라던데?"

"주식투자를 할 때 여러 회사 주식에 나눠서 투자하는 이유가 뭐야?"

"어떤 종목이 오를지 모르니까요? 아니면 한곳에 투자했다가 망하면 안 되니까?"

"하하, 정답이네. 말을 조금 곱게 바꾸자면 위험은 줄이고 수익은 높이기 위해서야. 개인이 직접 투자를 하게 되면 가지고 있는 계좌에 어떤 주식을 담고 있느냐가 포트폴리오라는 말이야. 이와 마찬가지로 연금계좌에는 여러 펀드를 담을 수 있어."

"그런데요. 5만 원 가지고 여러 펀드를 사는 게 가능해요?"

"……."

"대리님도 모르세요? 아까 그 직원한테 물어볼 걸 그랬나?"

"너, 정말 모르는구나."

"……."

"삼성전자 주식이 지금 120만 원도 넘어. 그걸 5만 원어치만 살 수 있을까?"

"없겠죠?"

"하지만 펀드로는 살 수 있어. 펀드는 여러 사람의 돈을 모아서 특정 회사가 대신 투자하고 그 수익을 다시 투자자에게 돌려주는 상품을 말해. 그 돈이 많으면 당연히 삼성전자 주식도 많이 살 수 있겠지. '펀드를 산다' '펀드에 투자한다' '펀드에 가입한다'는 말은 다 같은 말인데, 그날그날 정해진 펀드의 기준가격으로 펀드에 돈을 넣는다는 의미가 돼. 나중에 그 펀드에서 나올 때, 즉 팔 때에는 파는 날의 기준가격으로 나오는 거야. 내가 투자한 돈이 아무리 적더라도 그 기준가격만 계산하면 되니까 5만 원으로도 여러 펀드를 가입할 수 있지."

"아, 그게 그렇게 되는 거군요. 그런데 왜 팀장님은 일단 계좌만 만들라고 하셨을까요? 그냥 거기서 추천하는 펀드에 가입해도 되는 거 아닌가요?"

"그건 이따가 팀장님께 여쭤보시고. 저녁 때 시간 있지? 오늘 팀장님이 쏘신단다."

"없는 시간도 만들어야죠. 하하."

"그나저나 연금이 뭔지는 알고 만든 거야?"

"에이. 아무리 제가 이 분야에 문외한이라 하지만 설마요. 매달 월급에서 국민연금 빠져나가죠, 회사에서 퇴직연금까지 들었는데 연금 개념도 모를까요. 결국은 매달 조금씩 내고 일정 나이가 되면 그때부터 받는 돈이죠."

"그럼 그걸 왜 증권사에서 들었을까?"

"네?"

"은행이나 보험사도 연금상품을 파는데, 왜 하필이면 증권사에서 연금을 들으셨냐고?"

"그거야⋯⋯. 팀장님이 그렇게 하라고 말씀을⋯⋯. 그러게요?"

"각각 파는 상품이 조금 다른 것도 몰랐지?"

"다르다는 게 뭐가 다르다는 말씀인지⋯⋯."

"매달 얼마씩 내고 은퇴 후에 받을 수 있다는 형식은 같아. 그게 연금의 의미이기도 하고. 하지만 돈을 굴리는, 운용하는 방식에는 차이가 있어."

"저, 말씀하시는 운용이 제가 아는 그런 운용 맞는 거죠? 밀링머신 세 대를 운용해 센서 블록을 만들어라 할 때 그 운용?"

"맞다 그 운용. 내가 낸 돈을 운용해 수익을 만들어 나에게 돌려주라 할 때의 그 운용."

"운용이야 금융 기관들이 알아서 하는 거 아닌가요? 제가 그 운용도 알아야 해요?"

"은행이나 보험은 내가 고민할 필요가 없지. 원금을 보장해주지. 수익률은 당연히 조금 낮고. 포트폴리오를 짤 필요도 없어. 그냥 매월 입금할 금액을 정하고 나중에 연금 수령 방식만 결정하면 돼.

곧 은퇴를 앞둔 어르신들처럼 납입할 수 있는 기간이 짧다거나, 내 돈이 줄어들면 절대 안 된다는 사람, 수학도 싫고 금융이나 투자도 어렵게 느끼는 사람은 은행이나 보험사가 낫지.

증권사에서 가입하는 연금저축펀드는 이것저것 고민도 좀 해야 하고 비중도 따져봐야 하고, 급격한 경제 변화가 있으면 그에 대한 대응도 해야 해. 원금이 깨질 수도 있고 그에 대한 책임도 져야 하니 불안할 수도 있지.

대신 수익 또한 온전히 내 거야. 금융감독원 소비자리포트에서 발표한 연금저축 수익률 10년 비교에 따르면, 은행이나 보험사의 경우 40% 언저리였는데, 주식형 펀드는 120%를 넘었어. 주식채권 혼합형 펀드는 거의 100%였고.

게다가 주식이나 펀드를 관심 있게 보다보면 경제나 기업의 전망도 보게 되고, 내가 속한 산업군도 다시 보게 되는 등 여러 긍정적인 면이 생기기도 해.

　이건 팀장님이 더 재미있게 설명해주실 텐데 내가 말재주가 모자라서, 이따 팀장님 만나면 더 좋은 말씀 많이 해주실 거야.”

　“지금까지 해주신 말씀만으로도 많이 배웠습니다. 대리님도 정말 많이 아시는데요. 원래 이쪽에 관심이 많으셨어요? 이따 저녁 만남이 더 기대되는데요.”

　“하하, 나는 삼겹살이 기대된다. 아, 운용 얘기 하나가 빠졌다.”

　“뭔데요?”

　“네가 오늘 만든 연금저축계좌에 펀드를 하나 담았다 치자. 그 펀드를 운용하는 회사는 어디일까?”

　“한국증권에서 만든 계좌니까 한국증권에서 운용하겠죠?”

　“땡!”

　“네? 아니 그럼 제 돈이 다른 곳으로 갑니까?”

　“그건 아니고. 한국증권에서 만든 계좌 안에 분명히 그대로 있을 거야. 하지만 그 돈으로 어떤 주식을 언제 사고파는지는 네가 가입한 펀드를 운용하는 자산운용사가 결정해.”

　“뭔가 슬슬 복잡해지는데요.”

　“자산운용사는 펀드를 만들고 운용하면서 그 상태를 투자자에게 보여주지. 결국 투자 수익률은 이 자산운용사에게 달려 있어. 펀드매니저라는 말은 많이 들어봤지?”

"네."

"펀드를 운용하는 사람이 바로 펀드매니저인데. 이 사람들이 자산운용사에 있어. 증권사는 펀드와 같은 금융상품을 팔고, 주식을 사고파는 일을 대신해주는 곳이지. 자산운용사는 펀드를 만들고 운용하는 일을 하고."

"아, 제가 낸 돈으로 주식을 사고파는 것은 자산운용사의 펀드매니저가 한다?"

"그렇지. 그럼 내 돈을 불려주는 데 가장 중요한 것은?"

"펀드매니저를 잘 만나야겠네요."

"오~케이. 여기까지. 증권사가 크다 작다보다 가장 중요한 것이

내가 가입한 펀드가 무엇이고 그 펀드를 운용하는 사람이 누구다가 가장 중요해! 나머지 이야기는 이따 저녁에! 이제 가서 일하자."

"넵. 이따 뵙겠습니다."

2장

가입은 시작일 뿐,
펀드를 찾아라!

팀장님, 싸랑합니다

왜 연금을 들라고 하시는지

나에게 좋은 펀드를 찾아라

감맥집에서 배우는 72의 법칙

팀장님,
싸랑합니다

회사생활 하면서 배운 것이 있다면 그것은 고기 굽는 법! 불판에
삼겹살을 올리는 타이밍을 잡는 것부터 시작해서, 적당한 때에 뒤
집어야 하며, 먹기 좋은 크기로 가위질을 해야 한다. 가장 중요한
것은 삼겹살이 맛있는 집을 찾아야 한다는 것. 또한 회식 참석자의
취향을 미리 파악해야 한다. 나 대리님은 고소하고 진한 비계맛을
좋아한다. 하지만 우리 팀장님은 살코기 부위가 절반 이상이어야
하며, 오도독뼈가 박혀 있는 부위도 좋아하시지 않는다.

"아주머니, 오늘 고기는 왜 비계가 적네. 삼겹살이잖아? 범한아,
오겹살 안 시켰어?"

"아닌디, 아까 이 총각이 삼겹살 시켰는디?"

"팀장님 오겹살 별로 안 좋아하세요."

"오~ 그새 팀장님 취향을 파악하셨다? 너 내가 오겹살 좋아하는 거 알지? 누구랑 더 회사생활 오래할 거 같아?"

"에이~ 대리님도… 아주머니, 오겹살 두 개 먼저 주세요. 그 삼겹살은 좀 이따 먹을게요."

"오겹살 두 개. 이 삼겹살은 그대로 냉장고에 넣어 놀랑께 이따 필요하믄 말해. 소주 하나, 맥주 하나 주믄 되지?"

외근을 나가셨다가 들어오는 길이 막힌다며 먼저 먹으라는 팀장님의 명을 받들어 먼저 시작한 우리들은 또 별것 아닌 걸로 투덕대며 술잔을 기울이고 있었다.

"그래도 우리 편범한 사원님이 이 식당 섭외 하나는 끝내줘. 고기 맛있지, 서비스 괜찮지, 회사 가깝지. 거기다 이 집게와 가위 다루는 솜씨는 얼마나 멋지고. 진짜 전문가야 전문가."

"이 집이 가성비가 죽여요. 150그램도 아니고 200그램. 1인분에 12,000원. 게다가 냉동이 아닌 냉장. 고기 구울 때 옆으로 나오는 하얀 기름이 많으면 냉동이란 소리거든요. 제가 또 공대 나왔잖습니까. 이 불판 온도가 200도는 돼야 고기가 제맛입니다. 젤 중요한 게 딱 한 번에 뒤집는 거. 이게 또 타이밍이 중요해요."

"야, 박사 났네, 박사 났어. 그래 주식도 딱 타이밍이다."

"네?"

"고기가 좋아야 하고, 가격은 싸야 하고, 불판에 올릴 때와 뒤집어야 할 때를 알아야 한다며."

"그렇죠."

"주식투자도 마찬가지라고. 회사가 좋아야 하고, 주식 가격은 싸야 하고, 살 때와 팔 때를 알아야 한다고. 물론 전문가 되기 매우 힘들다는 게 문제긴 하다만."

"하하, 또 여기에 그런 비유가 되네요. 멋지십니다. 대리님. 그런 의미에서 안주 하나 드시고, 술 한잔 받으시고……."

"좋네. 마음껏 먹어. 오늘은 돈 낼 필요 없다. 다 먹어! 하하."

"그런데요, 대리님. 아까 설명해주신 것 중에 궁금한 게 좀 있는데요."

"응, 물어봐. 내가 아는 범위에서는 다 말해줄게."

"그, 채권이 뭐예요?"

"……."

"펀드매니저가 주식에 투자해서 그 수익을 돌려준다는 건 알겠는데. 채권에 투자한다는 게 무슨 말인지……."

"채권은 자금이 필요한 기업이나 국가가 발행한 차용증서야. 거기에 투자를 한다는 거지."

"그건 알겠는데요. 어차피 채권이라는 게 수익률이 정해져 있는 거 아닌가요? 3년 이자율 2프로, 이런 식으로 딱 나오잖아요?"

"그게 그러니까 말이야……."

뭔가 수상쩍다. 나 대리님의 말이 중언부언하고 있다. 이 사람의 말을 믿어도 될까?

"그건 내가 설명해주지."

"팀장님!"

구세주를 만난 것마냥 나 대리님 얼굴이 활짝 밝아졌다. 나야 궁금한 걸 해결할 수 있어 좋긴 한데, 나 대리님에 대한 믿음에 살짝 금이 가기 시작한 건 사실이었다.

"채권에 표시된 건 채권의 액면가와 금리야. 범한 씨가 말한 대로 100억 2프로 이렇게. 하지만 이걸 항상 100억에 사는 건 아니지. 곧 망한다는 소식이 들리는 회사의 채권이라면 100억이 아니라 10억이라도 사람들이 사겠어? 국가가 보증하는 국채라면 망하지는 않겠지. 하지만 같은 기간을 투자해서 더 높은 수익을 보장해주는 다른 채권이 있다면 그쪽을 사겠지? 엊그제 이자가 지급된 3프로 국채와 2프로 국채가 있다고 가정해보면 어느 쪽을 사겠어?"

"당연히 3프로 국채를 사겠죠."

"다들 그렇게 생각하고 3프로 국채를 사겠다고 덤비면 당연히 채권 가격은 올라가겠지. 같은 100억으로 3프로 국채를 사면 103억. 2프로 국채를 사면 102억이 될 테니까. 하지만 이때 다른 사람이 3프로 국채를 100.5억에 사겠다고 하면 어떻게 되겠어?"

"아, 그 사람은 2프로짜리 국채를 사느니 3프로짜리 국채를 좀 비싸게 사더라도 2.5억의 수익을 내겠다는 생각이겠네요. 그럼 저는 100.6억에 사겠습니다."

"그런 식으로 채권의 가격이 시시각각 변하게 돼. 그 시장을 잘 보고 있다가 투자 기회를 잡는 게 채권펀드매니저들의 일이야. 국채는 그나마 쉽지만 회사채는 워낙 상품도 많고 위험도 다양해서 많은 고민이 필요하지."

"그래도 어떻게 보면 주식보다 쉽네요. 금리가 딱 정해져 있으니까 손해볼 일도 적을 것 같고, 사기만 잘 사면 돈 버는 건 땅 짚고

헤엄치기겠는데. 저도 채권이나 투자해볼까요?"

"나 대리, 재테크에 관심이 많은 건 좋은데 제발 함부로 덤비지 다. 작년에도 주식투자 손해봤다고 나한테 종목 알려달라고 난리 쳤지? 채권도 절대 쉽지 않은 투자야. 매일같이 새롭게 등장하는 금융 관련 뉴스 챙겨야 하고, 새로 발행되는 채권 일일이 체크해야 해. 게다가 안전한 국채만 투자하겠어? 하다보면 수익률이 높은 부실채권에도 눈이 가요. 그러다보면 손해도 보게 되고 다른 데 투자할 걸 하는 후회도 하게 돼. 괜히 엉뚱한 데 신경쓰느라 일 못하지 말고 지금 하고 있는 거나 잘해. 우리 같은 직장인에게는 간접투자가 맞아."

"아니 뭐, 꼭 직접투자하겠다는 건 아니고요. 그냥……. 네."

"재테크는 솔직히 제수씨가 더 잘하더만, 마나님 말씀 잘 듣고 사고치지 말라고. 자 한잔 따라봐!"

"넵. 여기 있습니다."

"이모, 여기 삼겹살 주세요. 술도 한 병 더 주시고요."

팀장님 잔에 술을 채우는 나 대리님을 보면서 마음을 굳게 먹었다. 투자에 있어서만큼은 팀장님만 보자!

왜 연금을
들라고 하시는지

　술이 한 순배 돌고 외근 다녀오신 이야기가 끝나자 개인사에 대한 이야기들이 오고갔다.

　"범한 씨, 부모님은 잘 계시지? 창원 쪽이 고향이랬나?"
　"네, 얼마 전에 아버지가 인대를 좀 다치셨다는데 큰일은 아닌 것 같고요. 멀리 있다는 핑계로 못 가본 게 좀 죄송하죠."
　"이런…… 가까운 데 사는 형제는 없어?"
　"누님 둘 다 그 근처에 살아요. 주말에 안 그래도 다녀왔다고, 걱정 말라고 전화 주셨더라고요."
　"그래도 많이 다치신 건 아니라니 다행이네."

"아들이고 뭐고, 그저 가까이 살고 자주 얼굴 보여드리는 게 효도 같아요."

"은퇴하시고 조그만 농장 소일거리로 하신다는 얘기는 전에 들었고⋯⋯. 어떻게, 부모님 노후 준비는 좀 해놓으셨대?"

"아이고, 퇴직금 털어 농장 만드신다고 지금은 어려우세요. 내년인가부터 국민연금 좀 나오는 게 다죠. 그래도 집 있고 빚 없이 지방 사시니까 크게 걱정은 안 하시는 것 같아요."

"팀장님, 그런 말 들어보셨어요? 요즘엔 부모한테 손 안 벌리는 게 효도고, 자식한테 손 안 벌리는 게 성공이라네요."

"그만큼 세상이 힘들어진 거지."

"응팔이라는 드라마 보니까 1988년 금리가 17%였다면서요. 지금 금리 대비 따따따블! 그 정도만 되면 진짜 살 만할 텐데요. 애도 낳고 알콩달콩⋯⋯."

"그래, 그러고 보니 나 대리, 아이는 아직이야?"

"마누라가 아직 안 된대요. 내년에나 생각해보자네요. 올해까지는 열심히 빚 갚는 데 치중하자고요."

"전 취직하면 빨리 연애하고 일찍 결혼해서 애 낳고 싶었거든요. 근데 막상 살아보니 그것도 힘든 것 같아요. 부모님 노후도 걱정이지만 제 노후는 진짜 어떻게 될까 걱정도 되고요. 아, 팀장님. 연금저축계좌 만들라고 하신 것 아까 만들어놨습니다.

그런데요. 아까는 미처 생각을 못했는데, 왜 하필 연금저축계좌를 만들라고 하신 거예요? 노후를 생각하기에는 제가 너무 젊은 거 아닌가요?"

사실 가장 궁금했던 점이다. 주식투자에 대해 알려주시겠다면 종목을 알려주셔도 되고 특정 펀드에 가입하라고 하셨어도 된다. 왜 연금일까? 물론 노후에 대한 준비가 필요하다는 것은 나도 동의한다. 국민연금이 언젠가는 고갈될 수도 있고 받는 금액이 상대적으로 적다는 것도 알고 있지만, 우리 회사는 퇴직연금에 가입해 있다. 노후를 위한 충분한 준비는 아니더라도, 그래도 큰 도움이 될 것이다. 여기에 또 개인적으로 연금에 가입을 하는 것이 과연 내 사정에 맞을까? 몇 년 후를 내다보면 연금보다는 3년 만기 적금 같은 게 더 낫지 않을까? 하는 생각이 오후 내내 머릿속을 떠나지 않았다.

"범한 씨 아직 투자해본 적 없지?"

"네."

"혹시 적금 만기처럼 목돈을 만져본 적 있어?"

"아유, 대출 갚기 급했는데요 뭐. 솔직히 적금도 하나 못 들었습니다."

"나 대리는 어때? 목돈 만져본 적 있지?"

"집 살 때 그랬죠. 집사람이랑 둘이 붓던 적금 가지고 지금 집 샀잖아요. 물론 은행 돈이 반이긴 하지만……."

"원래 집 살 목적으로 모았던 돈이지?"

"무조건 모았습니다. 우리 사랑하는 마나님이 무조건 모으라는데 저 또한 무조건 따라야죠. (노래 후렴구를 부르듯) 무조건! 무조건이야!"

"하하, 그때 어땠어? 그 돈 가지고 다른 거 할 생각은 안 해봤어?"

"그때가 또 제가 주식 좀 볼 때였거든요. 집사람한테 그 돈을 종잣돈으로 해서 주식투자하자고 졸랐다가 한소리 들었죠. 회사 일에나 집중하라고요. 아, 자동차 사자고 했다가 쫓겨날 뻔 했습니다."

"하긴 그래. 남자가 또 돈 생기면 차에 눈이 가지. 어쨌든 내가 범한 씨한테 연금저축계좌 만들라고 한 건 노후를 준비하라는 뜻도 있지만, 좋은 경험을 만들어주고 싶어서였어."

"좋은 경험이요?"

"응, 대부분 어른들 보면 주식투자는 위험하니까 하지 말라고들 하셔. 다들 한 번씩 경험해보셨거든. 주식으로 돈 번 사람들 보고 따라 들어갔다가 깨진 경험들 말이야. 투자 잘한다는 사람한테 맡겼다가 사기당한 경험이 있으신 분들도 있고.

하지만 그때와 지금은 많이 달라. 전에는 기업에 대한 정보를 찾아볼 인터넷도 발달하지 않았었고, 주식투자에 대해 알려주는 책이나 교육도 없었을 때였으니까. 다들 알음알음으로 투자했었지.

건설화학공업이라고 페인트 전문 회사가 있는데 이름에 '건설'이 들어간다는 이유로 건설회사인지 알고 투자하시는 분들도 있었다니까.

천천히 공부하면서 투자를 배우다보면 많은 게 달라져. 당장 투자수익도 수익이지만 회사나 산업이 어떻게 변하는지도 익힐 수 있고, 좋은 회사가 어떤 것인지 내가 만들어가야 할 회사는 어떤 모습인지도 알게 되지.

잘 모르면서 직접 투자에 뛰어드는 것은 절대 반대야. 물론 투자에 대한 재능이 있거나 좋은 투자파트너가 있다면 달라지겠지만 말이야."

"저는 시간을 너무 많이 뺏기더라고요. 게다가 살짝 중독 증세도 있었어요. 일할 때도 모니터가 흔들리고 모든 그래프는 주식차트로 보이더라고요. 하루에도 몇 번씩 기분이 좋았다가 나빴다가 하고요."

"꼭 당구 처음 배울 때처럼요? 사각형만 보이면 당구대처럼 보이고, 식탁에 앉아서도 물컵 가지고 연습하고?"

"그렇지. 딱 그랬어. 범한이 당구 좀 쳐봤구나? 하하."

"그게 다 너무 급하게 시작해서 그래. 주식 관련 책이라도 몇 권 보고 시작한다면 그 정도는 아닐 텐데 말이야. 말은 이렇게 하지만 나도 처음엔 무작정 뛰어들었어. 경영학과 나왔다고 자만하면서 말이지. 다행히도 친하게 지내던 친구가 좋은 투자의 길로 인도해줬지."

"아, 저번에 기업 탐방 오셨다가 가까운 데라고 들르신 그 분이요?"

"맞아. 나에겐 투자의 스승이라 할 수 있는 친구지. 나중에 기회 되면 소개시켜줄게. 정말 건전한 주식투자를 하는 친구야.

어쨌든 주식투자가 좋은 점은 남의 돈을 뺏는 싸움이 아니라는 거야. 한 명이 잃으면 다른 한 명이 버는 제로섬게임Zero-sum game이 아니라 기업의 가치가 올라가면 다 함께 돈을 버는 구조라는 거지. 게다가 작은 돈으로도 할 수 있고, 수익이 쌓이면 복리의 효과를 누릴 수 있으니 우리 같은 서민들에겐 공부해볼 만한 투자 방법이지.

그리고 철학이라고 할 것까지는 없겠지만, 돈에 대한 생각을 미리 정리하지 않으면 목돈이 생겼을 때도 흔들리기 딱 좋아. 나도 나 대리처럼 차에 흔들렸어. 직장생활 시작하면서 처음 들었던 3년 만기 적금이 끝나갈 때쯤 되니까 두어 달 전부터 자동차 대리점만 보이더라고. 요즘처럼 계약금도 거의 필요 없이 할부로 차를 살 수 있는 환경이었으면 벌써 질렀겠지.

난 범한 씨가 기왕이면 만기 없는 간접투자를 경험할 수 있었으면 좋겠어. 그러기에는 연금저축계좌가 딱 이거든."

"친구분도 대단하시지만 친구한테도 배우려는 자세. 역시 팀장님이세요. 어쨌든 일단 연금저축계좌를 통해 펀드를 고르고 주식투자가 어떤 것인지 맛을 보면서 투자 관련 공부를 좀 해라. 펀드도 비슷하기는 한데, 펀드는 중간에 해약할 수도 있으니 기왕이면 만기가 없는 연금저축계좌에 소액을 넣어라! 이 말씀이신 거죠?"

역시 나 대리님이다. 회의 때도 종종 이런 모습을 보이시더니, 정리 하나는 끝내주게 잘하셔. 이제 팀장님이 연금저축계좌를 만들라고 하신 이유를 알 것 같았다. 그런데 여기서 끝이 아니었다.

"그렇지. 게다가 이 상품은 정부가 보증하는 기본 수익률이 있어. 그것도 꽤 높지."

"네? 그런 얘기는 처음 듣는데요."

"연말정산 세액공제! 혹시 이런 얘기도 처음 듣나?"

"……"

"범한이한테는 아직 어렵겠죠. 작년에 처음 해봤을 텐데요. 저도 연말정산이 뭔지 익히는 데 한참 걸렸으니까요."

"야~, 이거 너무 많이 입력되면 나중에 정리 안 될 텐데. 계속해도 되나?"

"기왕 가르쳐주시는 김에 쭉~ 좀 살펴주세요. 듣고도 잘 모르겠으면 대리님한테 다시 여쭤보면 되죠. 그런 의미에서 대리님 한잔

올리겠습니다."

"허이구, 갑자기 친한 척은. 하하하."

"돈을 버는 모든 사람은 세금을 내. 우리 같은 월급쟁이는 근로소득세라는 세금을 내지. 매달 월급명세서에 나오는 단어니 들어는 봤겠지. 연말정산은 그렇게 미리 낸 세금과 실제 내야 할 세금을 비교해서 정산하는 절차를 말하는 거야.

근데 이 세금을 정하는 곳이 나라이다보니 국가 정책에 맞춰서 조금씩 깎아주는 사례가 많아. 물론 국가경제도 변하다보니 그 세금을 깎아주는 경우도 조금씩 달라지지.

쉬운 예가 신용카드와 현금영수증이야. 신용카드가 지금이야 흔해졌지만 예전에는 그리 많지 않았거든. 그때는 사람들이 현금으로 대부분 물건을 사고 거래를 했어. 그랬더니 그 돈을 받은 사람들이 나라에 신고를 안 해. 신고를 하면 세금이 나오니 그걸 피하려고 한 거야. 그걸 양성화하기 위해 신용카드 사용을 권장한 거지. 연말정산을 할 때 신용카드를 많이 쓰면 그만큼 세금을 깎아주겠다 하니 사람들이 카드를 만들어 쓰기 시작했어.

부모를 모시고 살거나 아이를 많이 낳은 집에 세금 혜택을 주고 있는 것도 마찬가지야.

전통시장 활성화와 의료비 지출이 많은 가계를 위한 혜택도 있고."

"아, 연말정산의 그 많은 조항들이 사실은 다 목적이 있었네요."

"팀장님, 미천한 저 나 대리에게도 잠깐 추가 설명을 할 기회를……."

"그래."

"연말정산에는 크게 세액공제와 소득공제가 있어. 이 공제라는 말이 깎아준다는 말인데, 소득공제는 소득액을 줄여준다는 의미거든. 소득액에 15% 정도를 세금으로 내야 하는데 그 소득액을 줄여줌으로써 세금을 깎아준다는 거지.

세액공제는 소득에 맞춰서 세금이 결정되면 그 세금 자체를 깎아준다는 말이고. 그 결과에 따라 세금을 더 내야 하는 경우도 있고, 돌려받는 경우도 있지. (팔짱을 끼며 거만한 자세로 턱만 내밀어 편범한을 가리키며) 작년에 연말정산 하면서 몇 만원 뱉었지?"

"어? 어떻게 아셨어요?"

"큭, 원래 신입사원 때는 대부분 더 내게 돼 있어. 공제 받을 항목도 별로 없는데다가 어떻게 하면 더 돌려받는지 요령도 없는 게 당연하거든."

"틈만 나면 범한 씨 놀리는 재미에 사는구먼. 나 대리, 그러면 연금저축계좌에 넣는 돈은 소득공제야 세액공제야?"

"네?"

"솔직히 말해봐. 잘 모르지. 아니 연금 생각은 아예 안 해봤지?"

"……."

"나중에라도 집사람이랑 연금 가입에 대해 상의해봐.

연금저축계좌는 납입 금액의 15%, 지방소득세를 포함하면 16.5%를 세액공제로 돌려줘.

범한 씨가 매달 5만 원씩 넣는다 치면 총 납입 금액이 연 60만 원. 돌려받는 세금만 9만 9천 원이야."

이건 완전 모르던 신세계였다. 연말정산이라는 게 귀찮기만 하고 돈 조금 돌려받든지 내든지 하는 걸로만 알았는데 이런 새로운 세상이 있다니……

국가라는 시스템이 완전 허당은 아니라는 생각도 들었다. 연말정산에 이런 전략들이 숨어 있다는 것도 처음 알았다.

가만, 그러면 월 5만 원이 아니라 50만 원씩 내면 납입 금액 600만 원. 그리고 연말에 99만 원을 돌려받는다는 얘긴 거야? 투자해서 얻는 이익은 별개고? 이거 따지고 보면 나라에서 두달치 연금을 내주는 셈 아냐?

이건 빚을 내서라도 해야 하는 대박 상품이다.

"팀장님, 그럼 무조건 많이 넣어야 하는 거 아닌가요? 16.5% 수익이 보장되는 건데 대출을 받아서라도……"

"에이, 나라가 아무리 개인의 노후 대비를 장려한다 해도 무조건 그렇게 주진 않지. 우선 납입 금액에 한계가 있어. 1년에 400만 원까지야. 게다가 대출을 받아서 낸다는 건 다시 생각해야 해. 이자야 감당을 하더라도 이 상품은 만기가 길어. 매년 대출을 더 받아서 내기에는 부담스럽지. 자기한테 적당한 금액을 내는 게 맞아.

연 400만 원만 하더라도 매달 33만 원인데 지금 범한 씨 사정에 그 돈을 내는 게 맞겠어? 또 당장의 대출금 상환이나 결혼 자금 마련도 생각해야지."

"아……."

"팀장님, 저도 궁금한 게 있는데요."

"나 대리도 궁금한 게 있어? 재테크 잘하잖아?"

"아이, 놀리지 마시고요. 그럼 저 같은 맞벌이 부부들은 얼마씩 넣어야 하는 건가요?"

"너무 크게 생각하지 말고 여유 있는 규모에서만 해. 좀더 자세히 보자면 일단은 각자 계좌를 만들어서 세액공제를 각자 받는 게 좋겠지. 그리고 납입액의 16.5%를 세액공제 해주는 건 총급여가 5,500만 원 이하에만 해당돼. 그 이상이면 13.2%를 공제해줘. 만약 한쪽이 5,500만 원이 넘는 연봉을 받는다면 적게 받는 쪽에 공제 한도인 400만 원을 넣는 게 좋겠지."

"제도가 좀 복잡하긴 하네요. 그래도 우리 같은 중소기업 직장인한테는 도움이 많이 되겠어요."

"아까 나대리가 소득액의 15% 정도를 세금으로 낸다고 했었지?"

"네."

"정확히 따지자면 꼭 그렇지만은 않아. 과세표준이라는 게 있어.

연봉에서 소득공제 항목을 제외하고 세금을 내야 하는 소득 금액이 바로 과세표준이야. 기본적으로 근로소득공제 1,375만 원, 부양가족 수에 따른 인적공제, 카드 사용금액, 의료비, 보험, 기부금 등 다양한 소득공제를 하고 나면 많이 줄어들지. 이렇게 정해진 과세표준에 따라서 1,200만 원 이하는 6%, 4,600만 원 이하는 15%, 8,800만 원 이하는 24%, 1억 5,000만 원 이하는 35%를 소득세로 내야 하지."

"9%씩 올라가네요. 그럼 그 이상 버는 사람은 44%를 내나요?"

"하하, 아쉽게도 그건 아니고 최고 소득세율은 현재 38%로 되어 있어."

세법이라는 게 참 신기하다는 생각과 함께 조금 이해가 안되는 부분을 찾았다.

"팀장님, 예를 들어 1,300만 원 벌면 15%, 195만 원을 세금으로 내야 하나요? 아니 1,200만 원 벌면 72만 원인데 100만 원 더 벌었다고 그 이상을 세금으로 낼 수는 없잖아요?"

"당연하지. 1,200만 원까지는 72만 원, 그걸 초과하는 100만 원은 15%, 15만 원. 도합 87만 원을 세금으로 내는거지. 이런 계산법을 초과누진세율이라고 해."

"네~. 합리적인 계산법이네요."

"연금저축계좌의 세금 계산도 합리적인 부분이 있어. 납입한 금액을 소득공제해주는 것이 아니라 16.5%의 세액을 공제해준다고 했잖아?"

우리 생활과 통장에 직접적인 영향을 미치는 숫자가 나와서였을까? 나 대리님과 내가 동시에 대답했다.

"네."
"그러셨죠."
"과세표준 4,600만 원까지는 소득공제를 받으나 세액공제를 받으나 결국 같은 금액이 돼."
"아, 소득공제로 과세표준이 줄고, 거기에 15%, 주민세까지 16.5%를 내야 하니까 소득공제를 받으나 16.5% 세액공제를 받으나 같다는 말씀이시죠."
"그렇지. 하지만 그보다 많은 소득을 가진 사람이라면 세액공제 혜택이 더 적은 셈이야."
"세액공제를 받았다 하더라도 24%의 소득세를 내야 하므로 더 손해다?"
"그렇지. 그런 의미에서 보더라도 우리 같은 직장인에게는 연금저축계좌가 훌륭한 상품이야."
"집사람한테 당장 가입하자고 말해야겠어요."

"하하, 이제 숫자 이야기는 그만하고. 일단 뭐 좀 먹자. 계속 얘기 했더니 배고프다. 고기 탄다, 고기 타."

"아차. 드시죠."

　중간중간 고기를 뒤집고는 있었지만, 대화에 빠져 젓가락을 움직이는 속도가 느렸던 탓일까? 고기들이 점점 까맣게 타고 있었다. 바쁘게 익은 고기를 정리하고 빈 잔도 채우고, 반찬도 좀더 가지고 왔다. 이 집은 다 좋은데 반찬이 셀프네.

나에게 좋은
펀드를 찾아라

어느 정도 상이 좀 정리되자, 몇 점 드시던 팀장님이 다시 말을 이어갔다.

"이쯤 설명했으면 연금에 대해 대충은 알았을 테고, 분명 또 궁금한 게 있을 듯한데."

"네? 글쎄요."

"범한아, 제일 중요한 게 빠졌잖아! 그래서 그 돈 어느 펀드에 넣을 건데? 세금 돌려받는 생각만 하고 굴릴 생각은 안 했지?"

"아! 그러네요. 펀드. 팀장님 어떤 펀드에 들어야 하나요?"

"충분히 이해하고 위험을 부담할 수 있는 펀드. 끝."

"……. 저기 좀만 더 설명해주시면 안 될까요?"

"이해라는 말부터 따져봅시다. 펀드에 대해서는 나 대리한테 대충 설명 들었지? 각각의 펀드들은 보유하고 있는 주식의 유형이 조금씩 달라. 채권이나 주식을 가지고 있을 수도 있고, 국내 기업이 아니라 해외 기업에 투자하는 형태도 있어. 배당을 많이 주는 기업에만 투자하는 성향을 가진 펀드도 있고, 급격한 주가 하락을 피할 목적으로 안정적인 수익구조를 가진 기업에만 투자하는 펀드도 있어. 위험을 좀 감수하더라도 성장할 것으로 예상되는 기업에 투자해 높은 수익을 노리는 펀드도 있지.

문제는 같은 성향을 가진 펀드라 하더라도 자세히 보면 운용하는 사람이 누구냐에 따라 조금씩 다르다는 거야."

"예, 나 대리님께 들었어요. 펀드를 파는 증권사보다 펀드를 운용하는 자산운용사에 더 신경을 쓰라고요."

"그렇지. 그것까지도 이해하고 펀드를 선택했으면 좋겠어.

그리고 그 선택에 대한 책임은 온전히 자기 몫이니까 그에 따른 위험도 감수할 수 있어야 해.

이 위험이라는 건 상당히 주관적이야. 조금이라도 손해보는 게 아까운 사람도 있고, 그렇지 않은 사람도 있어. 기다릴 줄 아는 것도 용기가 필요한 일이고.

주가라는 게 계속 오르기만 하거나, 계속 내려가기만 하는 것은 아니거든. 우리 회사만 보더라도 그래. IMF 때 살림이 어려워졌고 다시 또 좋아지다가 서브프라임 금융위기 때 다시 또 어려워졌어. 더 정확히 말하면 우리 제품이 들어가는 자동차 산업이 좋아질 때는 같이 좋아지고, 어려워질 때는 같이 어려워졌지. 물론 재작년부터는 에어컨 온도조절 액추에이터를 현대자동차에 공급하면서 더 좋아졌지.

이렇게 오르락내리락하는 게 경기고 산업이고 기업이고 주가야."

"저도 처음 주식할 때 그게 너무 힘들더라고요. 좀 오르다가 팍 떨어지길래 불안해서 팔고, 그랬더니 또 올라가는 듯해서 사고, 다시 팍 떨어져서 완전 손해보고. 이것도 간이 작은 사람은 못하겠더라고요."

"그게 위험을 감당할 수 있는 정도야. 나 대리도 지금은 좀 무덤덤하지."

"솔직히 말씀드리면 주식투자하다 손해본 거 집사람한테 들통나서 완전 깨지고, 팀장님이 말씀해주신 펀드 가입한 이후로는 직접투자 안 합니다. 대신 펀드 수익률에 대해서는 좀 아량이 생긴 것 같아요. 한참 오르다가 지난 몇 달간 좀 내려갔는데 예전처럼 걱정은 안 되던데요."

"하하, 그것도 다행이구면. 범한 씨는 이런 전철을 밟지 말아야 해. 타산지석他山之石으로 삼아야 할 좋은 사례가 여기 있네."

"지금 말로만 들어서는 저도 무서운데요. 아무리 월 5만 원이라지만 수익률이 마이너스 나면 불안할 것 같아요."

"그러니까 잘 이해해야지. 펀드 소개하는 브로슈어만 보지 말고 맘에 드는 펀드가 보이면 그 운용사 사이트에 한번 들어가봐. 어떤 투자 철학으로 어떻게 운용하고 있는지 자세히 나온 운용보고서들이 있을 거야. 그것만 잘 훑어봐도 공부가 많이 돼."

"저… 그냥 팀장님이 딱 찍어주시면 안 되나요? 팀장님 믿고 그냥 따라 하면 저도 안 불안할 것 같은데요."

"열 길 물속은 알아도 한 길 사람 속은 모른다고 지금이야 그렇지만 나중엔 내 탓할 걸. 남들 20%씩 손해볼 때 내가 소개한 펀드가 10% 손해보면 나한테 고마워할 것 같아? 원금 깨졌다고 펀드 가입하라고 한 나를 탓해. 더 황당한 경우는 남들 20% 이익 날 때 내 펀드가 10% 이익 나면 그래도 속으로 내 탓할 거야."

"설마요, 정말 그럴까요?"

"몇 년 먼저 경험한 내가 보증. 진짜 사람 마음이 그래."

"오호, 나 대리가 지금 내 탓을 하고 있다 그 말이네."

"아이, 팀장님도. 말이 그렇다는 거죠. 말이. 제가 얼마나 감사해 하고 있는데요. 팀장님, 전 영원히 팀장님 편입니다. 딸랑딸랑. 하하하."

(모두들) "하하하."

결국 팀장님은 어떤 펀드가 좋다는 말씀을 끝까지 하지 않으셨다. 심지어는 나 대리님에게도 어떤 펀드에 가입하고 있는지 절대

말하지 말라는 엄명을 내리셨다. 먼저 공부하고, 가입할 펀드를 결정하기 전에 다시 한번 이야기하자 하신다. 기왕 가르쳐주시는 김에 인심 좀 팍팍 쓰시지, 숙제만 안겨주시네.

9시가 조금 넘자 팀장님은 아이들 잠들기 전에 얼굴이라도 봐야겠다며 자리를 정리하자고 하셨다. 물론 계산은 팀장님이 하셨고. 뭔가 아쉬운 마음에 맥주 한잔하시자고 권했더니 매몰차게 거절하시는 팀장님.

"그럼 팀장님 먼저 들어가십시오. 전 범한이랑 딱 한잔만 더 하겠습니다."

"너무 무리들 하지 말고 일찍들 들어가. 내일은 우리 기획회의 있어."

"아유, 금방 들어가겠습니다. 2차는 범한이 네가 사라. 오늘 이 선배님들 덕분에 9만 9천 원 벌었잖아. 딱 3만 원만 써라. 큭큭."

"대리님. 그런 법이 어디 있어요."

"하하. 그래, 그런 법이 어디 있어. 아직 실현되지

않은 수익으로 기분내다가 나중에 크게 후회해. 2차 갈 거면 무조
건 나 대리가 사! 범한 씨 오늘도 반반 부담하자 그러면 내일 나한
테 얘기해. 아주 혼을 내놓을 테니까."

"네~ 네~. 들어가실 분은 들어가시고. 저희는 이쪽으로 사라지
겠습니다. 내일 뵙겠습니다. 가자, 범한."

"네, 그럼 내일 뵙겠습니다."

감맥집에서 배우는
72의 법칙

팀장님과 헤어져 우리는 요즘 유행하는 감자튀김집으로 향했다. 5천 원에서 만 원 사이의 안주에 시원한 생맥주. 정말 3만 원이면 둘이 충분히 먹고도 남는 집이다.

밖에서 보기에도 자리가 복잡해 보이더니, 딱 두 명 자리 남았단다. 얼른 자리를 차지하고 앉아 맥주를 시켰다.

"둘, 넷, 여섯, 여덟, 열……."

"대리님, 지금 뭐하세요?"

"잠깐만……, 그래도 좀 남겠네."

"뭐가 남아요?"

"봐봐. 지금 우리 자리까지 해서 실내만 딱 20명이야. 날 더워지면 밖에도 자리 몇 개 깔 테니 여름 장사가 더 잘되겠네."

"예? 지금 이 집 매출 조사하시는 거예요?"

"딱 견적 나오잖아. 20명. 인당 만 원 잡고. 3회전 한다 치면 하루 대출 60만 원. 주말엔 손님 좀 적을 것이고. 한 달에 20일 계산하던 1,200만 원. 원가를 40%는 잡아야 할라나? 생맥주 원가가 은근히 비싸. 안주도 많이 남는 편이 아니고. 거기에 월세 한 150내고 알바비 주고 이것저것 하다보면 월 평균 삼사백 가져가실라나?"

"오~ 진짜요? 나름 알짜네요."

"야, 가게 보증금 내야 하지. 인테리어랑 집기 다 사야지. 장사 잘되던 집 인수했으면 권리금 줬어야지. 게다가 쉬는 날 없이 매일 출근에 야간근무다. 그렇게 따지면 여기 사장님도 인건비 정도 받으시는 거야. 그나마 이 정도면 장사 잘되는 거지."

"하긴. 동네 치킨집들 다 힘들어 한다는 기사는 읽었어요. 진짜 남는 거 없던데요."

"척 보고 원가 계산하는 연습을 좀 해봐. 우리가 만들어야 할 신제품도 마찬가지야. 판매가가 얼마일지, 실제 원가가 얼마나 될지, 거기에 인건비와 개발비는 대략 어떤 식으로 포함시켜야 할지 알아야 한다는 거지.

"이야, 대리님 오늘 새로운 모습 많이 보여주시네요."

"기본이야 기본. 너도 2~3년 안에 다 해."

"아무리 그래도 호프집 수익모델까지 계산하실 줄이야."

"먹는 장사 다 이런 식으로 계산하게 돼 있어. 주식투자도 그래. 회사가 어떻게 돈을 버는지, 얼마나 남는지 따져보고 거기에 맞는 적절한 주식 가치가 얼마인지 알아야, 싸다고 사든 비싸다고 팔든 할 거 아냐. '앞으로 잘될 거라니까 무조건 사자' 이런 투자는 하면 안 되지."

"방금 말씀하신 게 아까 팀장님이 말한 '이해'라는 거군요."

"그렇지. 오~ 우리 범한이. 이해 좀 하는데. 그리고 사실 이렇게 이해가 되면 위험도 알아서 감수할 수 있어. '분명 내 계산으로는 이 정도 가격이 돼야 하는데. 내가 모르는 게 있나? 아닌데. 맞는데. 그럼 좀 기다려보지 뭐.' 이런 생각을 할 수만 있다면 위험이 더 이상 위험하지 않지.

펀드매니저들도 그래. 그 사람들은 무슨 깡으로 수십억, 수백억씩 주식을 사고팔겠냐. 다들 자기들의 논리와 확신을 가지고 남의 돈을 운용하고 있는 거거든. 그걸 파악하는 게 바로 '이해'야."

하루 사이에 참 많은 일이 일어났다. 전혀 생각지도 않았던 연금을 들었다. 주식투자와 펀드에 대한 여러 가르침도 받았다. 게다가 연말정산에 대한 설명도 들었다. 펀드에 대한 공부를 스스로 해야 한다는 압박은 살짝 있지만, 그 또한 기분좋은 압박이었다.

이 모든 게 대리님과 팀장님 덕분이라는 생각에, 난 참 좋은 사람들을 만났다는 생각에 자연스레 웃음이 나왔다.

"이게 취했나? 너 지금 이런 명강의를 들으면서 웃음이 나오냐?"

"하하, 너무 좋아서요. 이런 훌륭한 선배님과 함께 할 수 있어 영광입니다."

"하하하."

"대리님. 그런데요. 보통 주식투자 하면 수익률이 얼마나 나와요?"

"보통이라는 말은 쓰기가 어렵지. 경제가 어떻게 될지는 아무도 모르는 거잖아. 내가 해줄 수 있는 말은 은행 이자보다 조금 나은 정도를 기대하는 게 좋다는 거야. 두 배쯤?"

"네? 아까 낮에는 지난 10년 동안 100%인가 120%인가 올랐다면서요. 은행 이자 두 배라면 그건 너무 적잖아요? 기껏해야 그럼 한 4~5%?"

"그렇게 생각하면 네 말이 맞고."

"무슨 말씀이세요?"

"기대치를 너무 높게 잡지 말라는 말이다. 주식한다고 해서 대박나는 것도 아니고, 잠자는 네 돈을 움직여 일정 수준 이상의 수익을 내게 한다고 생각하라고."

"아니, 그래도 수익률이 그 정도면, 백만 원 투자한다고 봤을 때 은행보다 이삼만 원 더 받는다는 건데. 그걸 위해서 이런저런 것들을 공부해야 한다고요?"

"일단 지금은 작은 돈으로 하겠지만 나중에 좀 규모가 커지면 이삼만 원이 아니라 이삼십, 이삼백이 될 수도 있겠지.

혹시 72의 법칙이라고 들어봤어?"

"72요?"

"72를 수익률로 나누면 원금이 두 배가 되는 기간을 알 수 있어. 예를 들어 100만 원으로 매년 6% 수익을 내면 12년 후에는 200만 원이 된다는 거지.

은행 이자 2%, 펀드 수익률 4%라고 가정해보자. 100만 원을 은행에 넣고 이게 두 배가 되려면 몇 년 걸려?"

"72 나누기 2는 36. 36년이요?"

"맞았어. 하지만 4%면 18년이면 되겠지. 그게 다시 18년 후면 또 두 배가 돼.

36년 후로 봤을 때 은행은 200만 원을 주지만 펀드는 400만 원을 준다는 말이야."

"또 그렇게 보니까 4%도 작지 않네요."

"기대를 너무 많이 하지 말라는 말이야. 그래야 더 높은 수익률이 나올 때 즐겁게 웃을 수 있어."

"넵. 명심하겠습니다. 또 뭐 가르쳐주실 것 없으세요? 펀드 공부할 때 더 알아봐야 할 것들이라든가……."

"펀드 규모하고 운용 인력 변동 사항을 잘 봐봐.

펀드 규모가 너무 작거나 운용 인력의 변동이 잦으면 좀 의심해 봐야 해. 자산운용사도 회사잖아. 안 팔리는 펀드, 조그만 펀드에 능력 있는 직원 넣겠어? 그리고 마음에 드는 펀드를 찾으면 그 펀드 이름이나, 운용 책임자하고 관련된 기사도 한번 찾아봐. 요즘엔 펀드에 대한 관심이 높아져서 기사들도 많이 나와. 보고서 보다 쉽게 설명한 기사들도 꽤 있을 거야.

아, 그리고 보고서가 쉽게 써진 곳이 좋다. 어려운 말들만 잔뜩 써놓은 보고서는 이해도 어렵고 막상 공들여 확인해보면 별 내용 없는 것들이 많더라고."

"감사합니다. 술도 맛있게 잘 먹었습니다."

"에잇, 팀장님 때문에 이게 뭐야. 강의만 실컷 하고 내 돈 깨지고."

"히힛, 다음엔 제가 한번 쏠게요. 잘 먹겠습니다."

"그래. 마시자!"

3장

순간의 선택은
안 된다

공부하다 일 못할라

숙제 검사

한 번에 되는 것은 없다

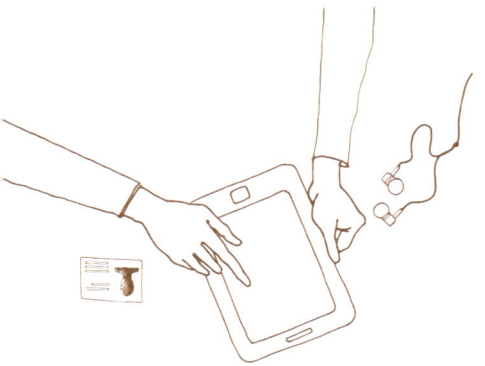

공부하다
일 못할라

　토요일 아침. 눈을 뜰 이유가 전혀 없다. 출근의 압박도 없고, 스마트폰의 알람도 주말엔 울리지 않는다. 그런데 눈은 떠진다. 좀더 자보려고 이불을 뒤집어쓰고 누워도 한번 달아난 잠은 다시 오지 않는다.

　손만 뻗으면 닿을 거리에 스마트폰과 리모컨이 나를 부른다.

　자연스레 TV를 켜고 채널을 돌리기 시작한다.

　물론 자세는 침대에 누워 있는 그대로다.

　공중파 3사만 있을 때가 좋았지. 지금은 채널 번호도 모르겠다. 영화 채널이 28번이었나? 뉴스나 잠깐 볼까?

TV 뉴스 앵커 최근 들어 금융투자상품에 가입했다가 크게 손실을 보는 어르신들이 급증하고 있다고 합니다. 계약 내용이나 수익구조가 복잡해 제대로 이해하지 못하고 투자를 시작했다가 손실을 입는 경우가 많아진 건데요. 이 소식 자세히 알아보도록 하겠습니다.

기자 정년퇴직 후 이자로 생활해오던 이모 씨는 낮은 이율 때문에 고민하다가 2012년 초 평소 알고 지내던 은행 직원 A씨로부터 ELS상품을 추천받았습니다.

이○○씨 아니 이거는 주가가 떨어져도 수익이 난다고, 걱정하지 말라고 하더라고요. 그러면서 이것저것 서류를 보여주면서 도장 찍으라고. 근데 반 토막이야.

기자 이씨는 이 상품을 판매한 은행과 금융감독원에 진정을 넣었지만 불완전판매를 입증하지 못해 모두 기각당했습니다. …….

"아이고, 어르신. 잘 좀 보시지. 우리 팀장님 같은 분이 주변에 없으셨나보네.

아! 내 피 같은 5만 원."

갑자기 정신이 확 들었다. 지금도 내 5만 원은 통장에 그대로 자고 있다. 빨리 펀드를 결정해야 하는데……. 내가 충분히 이해할 수 있는 펀드! 그래, 이번 주말엔 펀드 공부다. 스마트폰을 집어들고 포털사이트에 들어가 '펀드'를 검색했다. 어렵게 펀드 정보 사이트를 따로 찾을 필요도 없었다. 포털의 금융 페이지에 들어가니

펀드 관련 뉴스부터 수익률 상위 펀드까지 깔끔하게 정리가 되어 있었다.

"어디 보자, 1개월 수익률이 40%? 우와, 대박이잖아?"
"오잉? 그런데 1년 수익률은 -10%?"
"펀드 규모도 백억이 안되네?"
"어디다 투자하는 거야? 건강관리? 제약회사 같은 데 투자하는 건가?"
"이건 또 뭐야? 주가연동증권? ELS?"
"뭐가 이렇게 많아?"
"도대체 우리나라에 펀드가 몇 개나 되는 거야?"
"……"

그래도 지난주에 팀장님과 나 대리님한테 좀 배워서 쉬울 줄 알 았는데 펀드의 세상은 심오하기 짝이 없었다. 꼬리에 꼬리를 물고 나오는 다양한 용어와 개념을 검색해서 찾아보고 펀드 세부 내용 까지 들여다보고 하다보니 시간은 이미 점심 때다.

"밥 얼려 놓은 게 아직 있나? 일단 라면이라도 한 그릇 먹자."
"어차피 애인도 없는 몸, 일단 이번 주말은 공부다!"
그렇게 나의 주말은 흘러갔다.

"대리님, 주말 잘 보내셨습니까?"

"뭐 좋은 일 있었어? 싱글벙글이네."

"좋은 일은요, 점심 때 계실 거죠?"

"오늘 하루종일 회의잖아. 당연히 회사에 있어야지."

"아, 맞다! 기획회의."

지난 주말 내내 난 집에서 한 발자국도 나가지 않고 펀드 공부에 매달렸다.

ELS 같은 금융상품이나 옵션 같은 파생상품은 내가 가입한 연금저축계좌에서는 어차피 투자가 불가능하다. 만 개가 넘는 펀드가 있다고는 하지만 막상 고르려고 보니 그 유형은 그리 많지도 않았다. 투자 대상 국가, 펀드 내에서 주식과 채권의 비중에 대해서는 굳이 열심히 보지 않아도 금방 알 수 있을 정도로 정리가 잘 되어 있었다.

주식형 펀드들이 어떤 투자 아이디어를 가지고 있는지, 어떤 주식에 투자하는지는 조금 더 자세히 봐야 했다. 펀드의 이름만 봐도 알 수 있는 것들도 있었고, 애매한 이름을 가지고 있는 경우도 있었다. 하지만 펀드평가정보 사이트(예: 펀드닥터www.funddoctor.co.kr, 모닝스타코리아www.morningstar.co.kr 등)나 각 자산운용사 사이트에 가보면 자세한 사항들을 알아볼 수 있었다.

이 공부를 통해 내 나름의 펀드 포트폴리오를 짜왔다!

덕분에…….

오늘 회의가 있다는 것도 까맣게 잊고 있었고, 회의에 내놓을 아이디어도 미처 준비하지 못했다. 최소한 오늘은 팀장님한테 재테크 관련 질문은 하지 말아야겠다. 회사일도 미루고 펀드 공부한 걸 걸리면 난, 죽음이다.

오전 기획1, 2팀 전체 회의는 상무님 주제하에 과거 회사의 주력 매출 상품과 최근 신제품 매출 비중에 대한 점검, 지난번 회의에 제시됐던 아이템들에 대한 의견 교환 등으로 끝났다. 우리 2팀의 발표는 얼마 전 육아휴직을 마치고 돌아온 강 대리님이 맡았다. 깔끔한 프레젠테이션과 거침없는 답변. 선배는 선배고, 역시는 역시다.

오후 회의는 팀별 회의다.

지난 회의 때 다가올 스마트카 시대를 대비해야 한다고 아이디어는 냈는데, 후속 조사는 전혀 안 된 상태라 살짝 겁이 났다. 점심도 먹는 둥 마는 둥 하고, 인터넷만 뒤지다 회의에 참석했는데, 아니나 다를까 나에게도 질문이 떨어졌다.

"범한 씨, 스마트카 관련 아이디어 더 진행된 거 있나?"

"네, 그게… 저… 가장 가능성이 높은 부분은 센서인 것 같은데요."

"센서? 무슨 센서? 온도조절 액추에이터를 만들고 있으니까 온도 센서?" 나 대리님이 옆에서 추임새를 넣었다.

"그것보다는 나이트비전이 좋을 것 같습니다. 적외선카메라와 센서를 이용하는…"

"그게 우리나라에서 될까? 미국 같은 나라야 워낙 땅덩이가 커서 가로등을 깔기도 어렵고, 로드킬Road Kill이 많이 일어나니까 필요하다지만, 우리는 밤에도 잘 보이잖아."

"나이트비전이 워낙 고가다보니 국내 완성차 업체들이 그렇게 선호하지 않는 것은 사실이야. 나 대리 말처럼 로드킬도 흔하진 않고…"

부정적인 의견도 나왔지만 나를 살린 건 뜻밖에도 강 대리님이셨다.

'하지만 스마트카, 자율주행차라는 점에서는 의미가 있지 않을까요? 이것저것 시도해봐야 하는 분야라 저희 같은 신규 기업에도 기회가 있을 거고요."

"네, 저도 그렇게, 그런 의미에서 말씀드렸습니다."

몇 가지 의견들이 더 오간 뒤 노 팀장님이 회의를 정리하셨다.

"금형, 주조에 이어 센서라… 완전히 새로운 분야로의 도전인데, 그래 한번 알아보자. 적외선카메라라고는 하지만 분명 렌즈 만드는 곳과 이를 인식하는 센서, 관련 소프트웨어를 만드는 전문 기업들이 있을 거야. 범한 씨, 혹시 알아놓은 곳 있어?"

"……"

갑자기 정적이 찾아왔다.

슬쩍 넘어가나 싶었는데, 막판 질문에 말문이 막혔다. 죄송하다 그럴까? 아직 찾아보는 중이라고 일단 넘어갈까?

혹시나 싶어 고개를 돌려 나 대리님을 보는데, 갑자기 대리님이 윙크를 보내왔다. 이건 무슨 의미지?

"저, 안 그래도 지난주에 범한이랑 좀 찾아봤는데요, 적외선 관련 세트 제품을 만드는 주요 회사는 다 외국에 있습니다. 대신 연구 기관은 있습니다. 광주 광기술원이 보유하고 있는 적외선렌즈 관련 기술이 수준급이라고 합니다. 카메라 모듈과 관련한 다른 연구나 유관 기업들은 광기술원에 문의해보면 알 수 있을 것 같습니다."

나 대리님이 나를 수렁에서 건졌다.

"만들 수만 있다면 멋지겠는데요. 드디어 우리 회사가 부품에서 모듈로 올라서는 건가요?"

강 대리님은 나를 하늘로 날려보냈다.

"실현 가능성으로 보자면 강 대리의 액추에이터 부품 확장 전략이 더 낫지. 하지만 적외선 쪽도 알아볼 필요는 있겠어. 나이트비전 모듈까지는 아니더라도 적외선렌즈를 블랙박스에 넣든 센서를 이용한 다른 제품을 만들든 다른 방향이 생기지 않을까?"

"오~ 편범한, 한 건 했는데."

"자자, 괜히 앞서가지 말자고. 일단 나 대리와 범한 씨는 광기술원 한번 다녀와. 연구 기관이니 문전박대를 하지는 않을 거야. 일정 잡히면 나한테도 공유해주고, 시간 되면 같이 가도록 하지. 강 대리는 도어개폐 액추에이터 관련 시장조사 좀 부탁해."

노 팀장님의 지시 사항을 마지막으로 회의는 끝났다.

안도의 한숨을 내쉬며 회의실을 나가는데, 나 대리님이 어깨동무를 하며 나직한 목소리로 나에게 물었다.

"어떠냐? 나 좀 멋있지?"

"……. 네."

"가자, 나 아이스크림 먹고 싶다."

후임 혼날까 살짝 나서주고 자기가 찾은 걸 후배 몫으로 넘겨주는 훌륭한 선배가 맞긴 한데, 꼭 그 타이밍에 말을 해야 하나 싶기도 하고, 자기 입으로 멋있다는 이야기를 하는 건 또 뭔가 싶기도 하고.

자기 점수를 자기가 깎아먹는 저 말도 안 되는 자세. 그러면서도 아이스크림 사라는, 역시 나 대리님은 나 대리님입니다요.

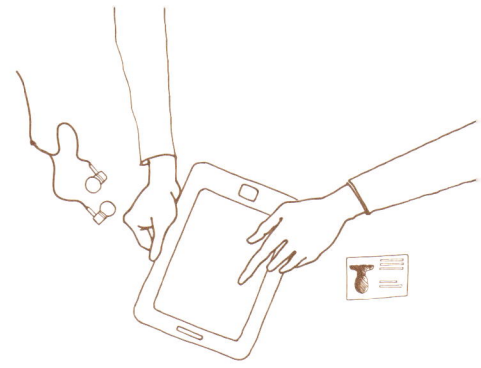

숙제
검사

휴게실 한 켠에 딸린 간이매점에서 아이스크림을 먹으며 아까부터 궁금하던 걸 물었다.

'그런데요, 광기술원은 또 어떻게 아셨어요? 정말 사전 조사 하셨던 거예요?"

'아, 예전에 한번 기사를 봤어. 너 그거 아냐? 이 스마트폰 앞뒤에 들어가는 카메라 모듈이 얼마나 복잡한지? 설계마다 다르긴 한데 이 렌즈가 보통 대여섯 장씩 겹쳐진 거란다."

"네? 그렇게 많이요?"

"방송용 TV 카메라 렌즈 같은 경우에는 렌즈가 거의 30장 들어간데. 확대 축소를 해도 왜곡이 없어야 하고, 선명한 화면을 위해 렌즈도 밝아야 하고, 광학 연구와 렌즈 설계, 소재의 개발 등 단순한 일이 아니더라고. 거기다 스마트폰용 렌즈면 작고도 정밀해야 하거든. 광기술원에서 했던 연구가 이 초정밀렌즈 양산 기술에 관한 거였어. 그러면서 후속으로 적외선렌즈를 개발하고 있다고 하더라고. 그래서 일단 알아보겠다고 한 거야."

"오~ 대단하신데요."

"기획팀에서 일하려면 이 정도는 기본이지. 경쟁사 분석 몰라? 다른 부품회사들이 어느 쪽으로 갈지도 미리미리 파악해야 하고, 우리 회사가 나아갈 방향도 찾아봐야지.

당장은 먼 미래라고 해도 모듈을 만드는 글로벌 강소기업이 우리의 미래 아니냐!"

"요즘 자동차 부품주가 뜬다 그래서 유난히 열심히 살펴봤던 건 아니고?"

"팀장님!"

"어떤 이유 때문이건 미리 연구한 거 자체는 칭찬받을 만해!"

갑자기 뒤에서 나타난 팀장님 때문에 화들짝 놀란 나 대리님.

이게 무슨 말이지? 그러면 나 대리님이 이런 기술에 대해 잘 알고 있는 이유가 투자 때문이었다는 건가?

"범한 씨는 펀드 공부 좀 했어?"

'아, 맞다. 연금저축계좌 펀드 결정해야지? 아침에 나한테 하려고 했던 얘기가 그거구나?'

아까 회의보다 더 긴장감이 몰려왔다. 드디어 지난 주말에 내가 공부한 것들을 선보일 시간이다.

나는 어떤 방식으로 자료를 조사했는지부터 설명했다.

"포털사이트 금융섹션에 보니까 펀드에 대해서도 기초적인 내용들은 다 정리를 잘해놓았더라고요. 특히나 수치로 계산이 가능한 부분들은 보기도 쉽게 만들어져 있었습니다. 다만 정성적인 내용에 대해서는 설명이 너무 단순해서 이해하기 어려웠습니다.

이 부분에 대한 내용은 펀드평가정보 사이트를 참조했습니다. 각 회사들마다 기본에 충실한 곳도 있고, 자체 평가모델을 만들어 이를 바탕으로 설명하는 곳도 있고 하더군요.

펀드 운용인력에 대한 정보까지도 자세히 나와 있었습니다.

아쉬운 점은 투자 방법에 대한 설명까지는 자세히 나와 있지 않다는 겁니다. 정확히 말씀드리면 나름 자세히 설명하고는 있는데, 쓰는 용어가 전문적이라고 할까요? 제가 이해하기는 어려웠습니다. 몇몇 자산운용사 사이트를 좀 돌아보니까 잘 나와 있는 곳도 있어서 그 내용들을 참고하기도 했습니다."

"아까 회의 때 이렇게 얘기해보지. 잘하네. 우리 범한이."

나 대리님의 이죽거림을 무시하고 발표를 계속했다.

"여러 자료를 종합해본 결과 나름의 판단 근거를 마련할 수 있었습니다. 가장 기본은 국내냐 해외냐 입니다. 해외의 경우 미국이나 유럽보다는 중국, 베트남 등 아시아권 국가들을 대상으로 하는 펀드들이 많았습니다. 그 다음은 주식과 채권의 비중에 따른 분류가 가능합니다. 아무래도 채권은 저위험 저수익, 주식은 고위험 고수익이기 때문에 이렇게 나눠놓은 듯합니다.

마지막으로 투자 방법에 대한 분류입니다. 기업 규모를 기준으로 중소형과 대형주를 나눠서 보기도 하고, 가치주와 성장주를 나누기도 합니다.

규모를 기준으로 하는 것까지는 수치로 구분이 가능하나, 가치주와 성장주에 대해서는 운용사마다 조금씩 다른 주관적인 개념으로 보입니다."

"기초 조사는 충분히 한 것 같고. 그래서 그 여러 펀드 중에 범한 씨가 들고 싶은 펀드는 어떤 거야?"

"경제성장률이나 환율 등 여러 문제로 최근 시끄럽긴 하지만 중국에 일부 투자했으면 합니다. 어차피 얼마 전에 크게 주가가 하락하면서 일부 정리된 부분도 있을 거고요."

"오~ 범한. 처음부터 세게 나오는데? 남들이 위험하다고 하는 지금이 오히려 기회다? 그럼 중국 관련 펀드에 집중?"

"그래도 안전을 위해 채권혼합형 펀드도 하나 가입할까 합니다. 국내 주식형은 성장주에 투자하는 펀드로 하겠습니다. 펀드 선정

조건은 금액이 크고 최근 수익률이 좋은 곳으로 찾았습니다. 제가 찾은 펀드 후보들은 먼저……."

"잠깐만!"

팀장님 표정이 밝지 않다. 내가 뭘 잘못 말했나?

"너무 쫓기면 좋은 결정을 못해. 내가 보기에 범한 씨는 개별 펀드에 대해 자세히 알아보지는 않은 것 같아. 전체 펀드를 이렇게 저렇게 나눠서 그 나누는 방법 중 내 마음에 드는 펀드를 들겠다. 여기까지가 오늘의 이야기인데, 난 한번만 더 봤으면 좋겠어. 그 펀드들이 어떤 주식을 가지고 있는지, 가지고 있는 근거가 이해가 되는지, 사고파는 이유는 무엇인지까지도 알아보라는 말이야."

내용이 부족한 보고서를 들이밀었다가 바로 까인 기분이랄까. 주말 공부의 억울함도 억울함이지만 알아봐야 하는 게 너무 많을 것 같기도 하고, 내가 준비한 내용이 어디가 부족한지도 들어야만 했다.

"팀장님. 조금만 더 설명해주세요. 운용보고서가 있는 건 봤는데, 내용은 안 봤습니다. 그걸 보라는 말씀이신 거죠? 대신 제가 찾은 세 가지 유형 중에 우선순위라도 좀 알려주시면……."
"오늘 말한 세 가지 유형의 펀드에 대해서는 이런 조언을 해줄 수 있겠군.

먼저 중국 주식. 혹시 범한 씨 잘 아는 중국 회사 있어? 중국 증권시장의 최근 움직임이 아니라 개별 기업을 아는지 묻는 거야. 최소한 삼성, 현대, LG, 네이버, 카카오 같은 대표 기업이라도 좀 알아야 하지 않을까? 난 개인적으로 국내 투자 경험이나 해당 국가에 대한 지식이 없으면 해외 투자는 자제했으면 해. '맡겨주시면 잘하겠습니다'라는 말만 믿고 맡겼다가 망치면, 자세히 알아보지 못한 나를 탓해야 하는데 남 탓만 하게 되거든.

채권혼합형 펀드와 성장주 펀드에 동시에 투자하는 것도 반대야.

채권혼합형 펀드라고 해서 100% 채권만 가지고 있지는 않아. 채권에 투자해 안정적인 수익을 노리고, 절반 이하, 보통 2~40%는 주식에 투자해서 추가 수익을 노리는 게 보통이지. 주식형 펀드도 비슷한 형태야. 100%를 주식에 넣을 수도 없어. 사고팔아야 하니까 어느 정도의 현금 비중을 가지고 있지. 시장이 불안할 때는 그 비중이 커지기도 하고. 현금이 아니라 채권을 일부 가지고 있는 펀드들도 있지.

이런 펀드 두 개를 가입한다면 반은 채권, 반은 주식 정도가 되는 건데 굳이 그럴 필요는 없다고 봐. 가진 자산이 정말 많아서 대부분 채권형 펀드에 가입하고, 주식투자에 대한 생각이 비슷한 펀드매니저에게 가진 자산의 10% 정도를 맡기겠다면 또 몰라도 말이야.

처음 시작할 때는 딱 하나만 해! 어차피 평생 해야 하는 공부고 연금이야. 1~2년 정도 공을 들이면서 어떤 종목을 사는지, 언제 사고파는지, 그 근거가 내 생각이랑 맞는지 지켜보면서 공부해봐. 그리고 나서 다른 펀드를 추가하든지, 옮기든지 하라는 거야.

지금 범한 씨에게 해외 펀드는 힘들고, 국내 펀드 중에서 골라보는 게 좋겠군. 채권이냐 주식이냐, 가치냐 성장이냐는 나중에 다시 이야기하자고. 같은 성장 주식형이라 하더라도 투자 아이디어나 추구하는 목표가 달라. 그것도 운용보고서에 나와 있으니 한번 읽어보고 가장 이해가 잘되는 펀드를 찾아보라고."

좋은 말씀인데……. 기운이 빠지는 건 어쩔 수 없었다. 어깨도 기분 따라 같이 내려갔나보다.

"어깨 좀 펴! 그래도 주말 사이에 많이 봤네. 정리도 잘한 것 같고. 펀드를 찍어주는 대신 좋은 이야기 하나 해주지."

자동차는 몇 만 개의 부품으로 이루어져 있어. 우리는 그중 몇 개에서 몇 백 개의 부품을 만드는 회사를 다니는 거고, 다음에 만들어야 할 부품을 찾는 게 기획팀의 일이야. 그 일을 대충할 수는 없잖아? 부품 이름이 좋다고 이거 만들자고 할 수는 없는 노릇이고.

투자도 마찬가지야. 직접 하든 다른 사람이나 금융회사에 부탁하든 좋은 기업을 찾는 일을 대충할 수는 없지.

다양한 방법으로 후보가 될 부품을 찾아. 그 다음엔 그 부품을 만들어 팔아봐야지. 성공하면 계속 할 것이고 그러면서도 더 좋은 부품이 없나 찾겠지. 실패하면 그만 만들든지 하고 다른 부품을 찾아봐야지. 그 과정은 계속 해나가야 해.

직장생활이건 투자건 100m 달리기가 아니야. 대박도 나중 문제야. 계속 뛰어야 하는 마라톤이지. 일희일비하지 말고 또 힘내서 가보자고."

사실 이게 정석일 것이다. 오르막길 내리막길 다양한 앞날이 날 기다리고 있는데, 오늘 하루에 연연할 이유는 없다. 내 투자에 대한 공부는 그렇게 점점 더 늘어갔다.

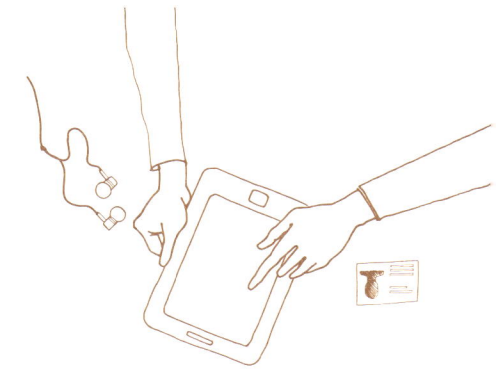

한 번에
되는 것은 없다

 광기술원과의 약속은 생각보다 쉽게 잡혔다. 적외선렌즈용 소재와 렌즈 가공 기술에 대한 설명은 물론이고 관련 연구를 하고 있는 대학이나 기업들과의 네트워크도 주선해주겠다며, 언제든지 내려오라는 반응이었다.

 금요일 오전, 우리는 회사 차를 타고 광주로 향했다. 운전은 나 대리님. 장롱면허인 나는 조수석에 앉았다.

 미안한 마음도 잠시, 투자와 회사 업무에 대한 생각이 머릿속을 차지하기 시작했다.

 센서는 자동차의 작동 상태를 확인하고 보여주는 장치를 말한다.

후방감지기는 가까운 거리에 물체가 나타나면 소리를 내서 알려주는 기능을 한다. 더 세분화해서 보자면 범퍼와 물체와의 거리를 측정하는 센서와 측정값에 따라 알람 소리를 내는 스피커가 있다. 이 기기를 작동시키는 스위치는 후진기어가 된다.

자동차에는 이와 같은 센서가 수도 없이 달려 있다. 온도나 압력, 회전수, 위치, 진동, 가속도, 각속도, 전압 등을 감지하는 각종 센서가 있다. 계기판에 나와 있는 수많은 기능에는 적어도 한두 개의 센서가 들어 있다. 차량 내 실내 온도, 냉각수의 온도를 나타내기도 하고 실내로 유입되는 공기의 질을 따지기도 하고, 엔진의 회전수와 각종 펌프의 압력을 측정하며, 여러 스위치의 현재 위치에 맞춰 작동 상태를 점검하기도 하고, 노면 상태에 따라 서스펜션Suspension의 압력을 조절하기도 한다. 지난 10년 이내에서 많이 발전한 기술은 내비게이션 부문이다. GPS 안테나를 통해 얻은 현재 위치와 지도상의 거리, 교통정보 등을 반영해 길을 찾아준다.

자동차 기술은 앞으로도 더욱 발전할 것이다. 최근에는 자율주행차, 스마트카가 이슈가 되고 있다. 이 차들은 운전자가 보고 듣고 느끼는 것 심지어 냄새 맡는 것까지도 대신해야 한다.

GPS, 지도, 교통정보, 여러 대의 카메라 등을 통해 얻은 정보를 바탕으로 속도와 방향을 조절하는 자율주행 단계를 지나, 탑승자의 건강이나 기분까지도 확인해 쾌적한 이동을 제공하고, 비나 눈이 오는 날씨의 변화나 사고 위험 등 교통 이외의 외부 변수에 대해서도 대응하는 스마트카는 미래 기술의 결정체가 될 것이다.

우리 회사도 이 기회를 잡아야 한다. 가급적이면 부품이 아니라 부품의 집합체인 모듈을 만들어야 한다. 이 모듈을 현대자동차 같은 완성차 업체나 현대모비스에 납품하면……

현대자동차는 판매에 따라 주가가 올라갈 수도 있고 내려갈 수도 있다. 이에 비해 현대모비스는 더 안정적이다. 현대모비스에 납품하는 기업 중 기술력이 뛰어난 기업들은 나도 좀 안다. 정말 뛰어난 기업들은 현대에만 납품하지도 않는다. 글로벌 강소기업이라 불릴 만한 회사들이다.

내가 만약 직접투자를 한다면 현대자동차보다는 부품회사에 투자할 것이다.

"그래! 모비스!"

"깜짝이야! 너 잠꼬대하니? 갑자기 웬 모비스?"

"팀장님, 대리님, 전 모비스에 투자하는 펀드에 가입하겠습니다."

"현대모비스 말하는 거 맞지?"

"네. 제가 가장 잘 이해할 수 있는 산업, 회사는 뭐니뭐니해도 자동차 부품 관련 회사들이죠. '현대차가 앞으로도 대박날 것이다'라는 확신은 못하지만 자동차 부품회사들은 다 좋은 것 같아요."

"범한아, 그게 그렇게 쉬운 건 아니지. 현대모비스의 시가총액, 그러니까 현재 주가를 반영한 기업가치는 25조, 26조 원이 육박해.

시가총액 순위 5위를 자랑하는 초대형 회사라고. 어지간한 펀드에는 다 포함되어 있어."

"하하, 그래도 범한 씨를 구박할 일은 아닌 것 같아. 관심을 가지고 봤다는 것 자체가 한걸음 더 나아간 거니까. 이제 얼마에 사고팔지, 가격을 보는 눈만 가지면 되겠네?"

"가격이요?"

"범한 사원, 마음씨 고운 나 대리님이 말씀할게. 잘 들어봐~.

좋으니까 무조건 사라는 게 맞는 얘기야? 비싸게 샀다가 팔지 못하고 가격만 떨어지면 의미 없잖아? 애널리스트 보고서를 보면 이 회사는 이러저러한 일을 하고 있고, 이렇게 돈을 벌고 있으며, 가진 게 이렇습니다. 지금 얼마쯤 하는데 저희가 생각하는 가격은 이 정도이므로 지금 사시는 게 좋습니다. 이런 식으로 나오거든. 그걸 보고 맞는 말인지 아닌지 정도는 알아야지."

"연금 하나 가입했을 뿐인데, 공부가 끝없이 늘어나네요. 언제나 이 공부가 *끝날까요?*"

"하하, 그래도 얼추 다 끝났어. 개별 기업에 대한 애널리스트 보고서도 보라는 나 대리 말도 틀린 건 아닌데, 매번 그렇게 연구하는 건 직접투자할 때 일이지. 펀드에 맡길 때에는 그 펀드의 매니저들이 기업을 보는 눈은 어떠한지, 사고파는 데 나름의 원칙이 있는지, 그 원칙이 이해가 되는지 정도만 확인하면 돼. 아까 어떤 이유에서 모비스를 사야 한다고 했는지 자세한 이유는 모르겠지만 범혼 씨 나름의 논리가 있었던 거잖아? 펀드들도 나름의 투자 논리를 가지고 있거든. 펀드 소개 자료 몇 개 읽어보면 알 수 있을 거야."

이미 여러 번 들은 말이다.

"펀드가 가진 투자 원칙을 이해할 수 있는가?"

여기 나온 단어들 중 모르는 단어는 하나도 없는데, 질문에 답하기가 은근히 어렵다.

팀장님이나 대리님이나 진짜 쉽게 설명해주신다고 하는데, 난 알아듣기 어렵다. 어렴풋이는 알겠는데 확신은 안 선다. 내가 회사 다니면서 배운 진리라면 이럴 때는 다시 물어야 한다는 것이다.

"팀장님, 펀드매니저가 기업을 보는 눈이라는 게 예를 들면 어떤 건가요?"

"투자를 결정한다는 것은 어떤 기업을 특정한 가격에 매수하겠다는 이야기지. 일단은 이 기업이 무엇을 하는 회사인지, 투자할 만한 가치가 있는지 알아야겠지? 투자할 대상 기업을 찾을 때 펀드매니저들은 어떻게 할까? 가장 좋으면서도 무식한 방법은 전수조사야. 코스피 코스닥 두 시장을 합해서 약 1,800개 기업이 있어. 하루에 세 개씩이면 600일이면 보겠지."

'하지만 힘들겠죠. 우리도 신제품 기획회의 할 때 보면 2만 개 정도의 자동차 부품을 보지만 이걸 일일이 조사하다보면 시간도 오래 걸리고 바뀌기도 많이 바뀌고, 우리가 할 수 없는 기술 영역도 있고 하니까요."

"그래 그렇다면 어떤 식으로 조사할까? 우리 사례랑 비슷해! 제일 쉬운 방법은 주요 부품만 보는 거야. KOSPI200처럼 조사 대상 기업을 200개로 줄이면 훨씬 수월하겠지. 또다른 방법은?"

"제작 기술 영역으로 분류한다든지 기능이나 위치에 따라서도 가능하겠죠."

"플라스틱이나 강철, 알루미늄 등의 소재에 열을 가하고 늘리고 때리는 것부터 오디오 같은 순수 전자제품, 에어컨을 비롯한 공조

장치, 뒷좌석 도어에 들어가는 유리, 개폐장치, 스피커 등등 나름
여러 가지 분류법이 있겠지. 자산운용사들도 펀드를 만들면서 이
런 분류법 내지는 투자 아이디어를 만들고 있어. 나중에 범한 씨도
보겠지만 저PER주라든가 저PBR주만 보는 방법 등이 있지."

'그 아이디어가 맘에 드는 곳을 찾으면 되는 건가요?'

'일단은 그렇지.'

운전중이던 나 대리님도 팀장님의 설명에 궁금한 게 있는지 관심
을 보이기 시작했다.

"일단이요? 이단도 있나요?"

"우리 지금 어디에 왜 가는 거지?"

"광기술원에 적외선카메라와 관련된 기술을 보러……. 아! 펀드
매니저들이 실제로 기업을 찾아가는지, 가서 무엇을 보는지 등을
확인하라는 말씀이시죠?"

"그렇지. 정말 좋은 기업을 찾으려고 노력하는 펀드매니저라면 발
로 뛰지 않을까? 그들도 사람인데 눈으로 확인하고 싶겠지. 사실
이건 검증된 방법은 아니야. 그냥 내 개인적인 생각인데, 많이 다니
며 많은 인터뷰를 해본 사람의 글에는 대충 베낀 리포트와는 다른
진정성이 있어."

"다른 사람보다 더 노력하는 펀드매니저를 찾자는 얘기시네요?"

"그렇지. 결국 투자에 대한 책임은 투자를 결정한 내가 지는 거

야. 펀드매니저들은 최선을 다할 뿐이지. 그런 펀드매니저를 단순히 과거 수익률이나 몇 달의 성과만으로 판단하기에는 무리가 있다고 봐. 오히려 개인적인 호감이 더 중요하지 않을까?"

"결국 피 같은 내 돈을 맡겼을 때, 믿을 수 있는 사람을 찾는 일이네요. 펀드라는 것이……."

"그렇게 시작하는 것이 맞아. 오늘 가는 광기술원을 투자자 입장에서 가본다고 생각해보면 어떨까? 아마 펀드매니저들 마음을 이해하는 데도 도움이 될 거야."

투자자 입장에서라…….

이 회사가 정말 좋은 회사인지 알아보려면 무엇을 물어야 할까?

수익성은 있는지, 경쟁 상대는 없는지, 얼마나 오래도록 팔 수 있는 아이템인지, 기술의 난이도나 특허 등으로 보호가 되는지, 무엇보다도 거짓이 없는지…….

오~ 뭔가 색다른 느낌이 든다.

노후를 위해 연금펀드 하나 가입하겠다는 단순한 시도가 참 많은 생각을 하게 해주었다. 단순하게 물건 하나 사듯 하는 것이 아니라 내 경험, 내 미래에 대한 고민을 담는 것이기에 신중해야 하고, 펀드매니저라는 자리와 입장 바꿔 생각해보면서 믿을 수 있는 사람을 찾아야 하며, 사업을 배우듯 세상을 알아가는 일이었다.

"범한? 무슨 생각을 그렇게 해?"

"펀드가 참 사회생활에 대해 많은 걸 알게 해주는데요."

"하하하."

4장

아는 만큼
보인다

가치투자펀드를 찾다

투자의 원칙과 철학

인생 공부

그리고 6개월

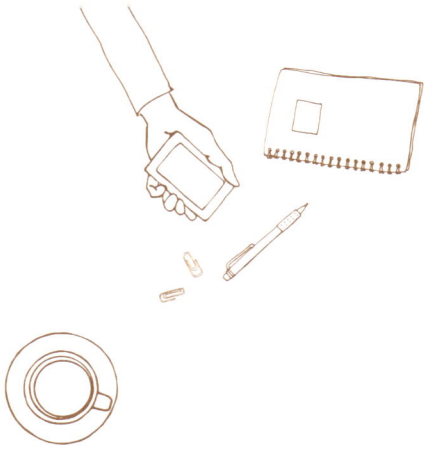

가치투자펀드를
찾다

　노 팀장님, 나 대리님께 연금저축계좌 만들라는 이야기를 듣고 벌써 한 달이 다 되어간다. 나는 아직 펀드를 정하지 못했고, 적외선 카메라와 관련된 새로운 제품에 도전하자는 내 기획은 결국 채택되지 못했다. 그래도 나 대리님은 내 편이 되어주셨다.

　"범한이, 좀 아쉽겠는데?"
　"아닙니다. 괜찮아요."
　"그래도 조사 열심히 했잖아. PT도 좋았고."
　"판매처도 불확실한 상황에서 개발비도 너무 많이 들어가고, 특허 문제도 걸려 있고, 세계적으로 봐도 쉽지 않은 시장이었는데요 뭐. 제가 좀 급했죠."

'적외선렌즈까지는 좋았는데 이미지 처리, 설치까지 가니까 좀 복잡하긴 했어. 어쨌든 기운 내고, 이따 저녁 때 소주 한잔해."

"네, 감사합니다."

사실 아쉽긴 아쉬웠다. 광기술원의 소개로 렌즈 제작 업체는 만났다. 가격도 좋았다. 하지만 이미지 처리가 문제였다. 직접 하기에는 우리 연구진과 방향이 맞지 않았고, 인수를 하기에도 마땅한 업체가 없었다. 물론 아직까지 세트 제품을 만들어본 적이 없는 우리 회사의 입장도 걸림돌이긴 했다. 시장이 좀더 성숙해져야 하고, 작게나마 우리만의 기술과 경험을 길러야 한다.

"그나저나 펀드는 아직 결정 못했어?"

'못한 게 아니라 안 한 거죠. 그 공부도 얼추 끝났습니다. 이따 같이 말씀 드릴게요."

'그래?"

'네, 지난 한 달 동안 천천히 이것저것 좀 봤어요. 급하게 마음먹지 않고 뉴스 기사도 좀 찾아보고 여러 사이트 돌아보고 했더니 시간은 잘 가던데요."

"말 하는 게 여유 있는데? 이따, 기대해보겠어."

"기대하실 것까지야."

"어, 여기들 있었네."

"팀장님."

"신규 아이템 결정도 됐고, 회식 한번 하시죠?"

"안 그래도 그 말 하려고 불렀어. 이따 저녁이나 먹자. 범한 씨도 지난 두 달 고생 많았어."

"범한이가 이따 중대 발표를 한답니다."

"중대 발표? 숨겨 논 애인이라도 있어?"

"아, 아니에요. 중대 발표는 무슨……."

"펀드 공부한 거 정리해서 발표하겠대요."

"대리님, 그만 놀리세요. 무슨 큰일이라고 발표씩이나요."

"하하, 나도 기대되는데. 우리의 우수사원 범한 씨가 어떤 준비를 했나, 이따 보겠어."

"하하하"

⋮

"모두가 모인 자리, 오랜만이네. 자 건배!"

"반갑습니다."

한 달 만에 다시 찾은 삼겹살집.

오늘은 강 대리님도 함께 하는 진짜 팀 회식이다. 1년간의 육아휴직을 마치고 지난달에 복직하셨는데, 신제품 기획회의 마감 때문에 이제껏 환영식도 못했다. 하긴 시어머니한테 아이를 맡기고 나오신 형편이니 저녁에 시간 내기가 쉽지는 않으셨겠지.

"강 대리. 애기는 어때? 엄마랑 떨어지는 거 이제 익숙해해?"

"애는 좀 적응한 거 같아요. 아침에 보면 저만 아쉬워하고 애는 웃으며 손을 흔드는데, 괜히 억울하기도 하고 그래요."

"뭐, 곧 자연스러워지겠지. 회사일에도 금방 적응했잖아?"

"범한 씨는 어때요? 나 없을 때, 나 대리님이 잘해줬어?"

"그럼, 내가 얼마나 잘해줬는데. 이 친구 지금도 나만 졸졸 따라다니잖아."

"따라다니는 게 아니라 따라잡을 판이다. 이제 나 대리가 좀 열심히 해!"

"하하하"

이런저런 애기들과 함께 회식 자리는 무르익어갔다.

이번 기획회의에 나왔던 아이템들에 대한 이야기, 연구실 등 가까운 부서들 이야기, 약간의 뒷담화와 자동차 산업에 대한 이야기, 정치, 경제 등 다양한 주제들이 앞서거니 뒤서거니 하며 화제에 올랐다.

"무엇보다 일단 다들 건강하셔야죠. 쉬면서 그 생각이 제일 많이 났어요. 몸이 가장 중요한 자산이더라고요. 애 보는 것도 체력, 회사일도 체력. 아프면 진짜 감당이 안 되던 걸요."

강 대리님의 말이 끝나자 팀장님이 말을 받았다.

"자네들 몸값이 얼마인지 아나?"

"몸값이요? 월급 말씀하시는 건가요?"

"아니면 인신매매나 장기 판매 같은 데서 말하는 몸값인가요?"

"하하, 그런 건 아니고. 지금 받는 급여를 이자로 받으려면 얼마나 돈이 있어야 하는지, 금리에 기준해서 생각해본 적이 있냐는 거지."

"금리요?"

"요즘 예적금 금리는 잘 나와야 2.4% 정도거든. 예를 들어 10억을 예금해야 1년에 2,400만 원 나온다는 말이지. 여기다 이자소득에 대한 세금 15.4%가 빠지는 걸 감안하면 실제 이자율은 2.03%. 2,030만 원이 실제 받을 수 있는 금액이야. 이걸로만 보면 대충 여러분들 몸값이 15억에서 20억은 된다고 봐야지."

"오~ 15억!"

"진짜 비싼 몸이네요. 건강 더 잘 챙겨야겠어요."

"얼마 전 일본에서는 드디어 마이너스 금리가 나왔어. 은행에 예금을 하면 돈이 줄어드는 시대가 온 거지. 이런 때일수록 일도, 건강도, 미래도 잘 고민하고 챙겼으면 좋겠어."

"자, 그럼. 그런 의미에서 편범한 재테크 고수님의 연금펀드 관련 강의를 들어보도록 하겠습니다. 박수~!"

"범한 씨? 그런 재주가 있었어? 난 전혀 몰랐어. 잘 보여야겠네. 나도 많이 도와줘."

"아니, 강 대리님 그게 아니라……."

"자세한 이야기는 나중에 하도록 하고. 그래서 어떤 걸로 할 생각이야?"

나 대리님의 장난 멘트에 강 대리님은 정말로 내가 재테크 고수인 양 착각을 하셨고, 기대 섞인 눈으로 날 바라보셨다. 변명하기도 난감해진 상황.

"결론부터 말씀드리면 전 모멘텀투자가 아니라 가치투자를 할 생각입니다.

모멘텀투자가 나쁘다는 말은 아닙니다. 투자자들의 심리나 대내외 투자시장 분위기, 자금의 수급, 기타 투자 환경 등을 고려해서 투자하는 걸 모멘텀투자라고 하는데요. 예를 들자면 '올해 안에 집을 사야 한다' '지금이 중국 주식투자의 적기'라는 말을 듣고 거기에 맞춰 투자 결정을 내리는 것을 말합니다. 판단만 정확하다면 오히려 더 큰돈을 벌지도 모르겠습니다.

문제는 제 판단이 정확할 수 없다는 겁니다. 정보를 듣는다 해도 그 말이 맞다 틀리다를 따지기보다 휩쓸릴 것 같습니다. 솔직히 주식시장에 대해 공부한 적도 없고, 봐온 것도 없는 제 입장에서 모멘텀투자는 거의 찍기에 가깝다는 생각입니다. 일단은 가치투자 펀드를 지켜보며 실력을 길러볼 생각입니다.

가치투자에 대해 알아보면서 가장 기억에 남는 말은 '주가는 결국 기업의 가치에 수렴한다'는 것입니다. 주가는 주식시장에 참여한 수많은 투자자들의 합리적 의사결정과정에 의해서 결정됩니다. 잠깐이야 가치와 다른 가격을 보일 수 있다지만 결국은 가치에 수렴하게 됩니다. 그 기업의 가치에 비해 가격이 싼 주식을 사는 것이 가치투자입니다. 어떻게 보면 모든 주식투자가 가치투자라고도 볼 수 있습니다.

다만, 가치를 분석하고 확신하는 방법이 조금씩 다른 걸로 보입니다. 대기업이라고 해서 가치투자의 대상이 되지 않는 것도 아닙니다. 배당을 많이 하는 기업에만 투자하는 것도 아니고요. 그래서 가치투자를 잘하는 것으로 알려진 몇몇 자산운용사를 더 자세히 살펴봤습니다.

한국○○, 신○, 에셋○○○ 등이 유명하더군요. 또 가치투자를 표방하고 있는 곳은 아니지만 메○○도 장기투자와 참신한 투자 전략으로 각광을 받고 있습니다. 또 V○○투자자문이라고, 여기는 자산운용사는 아닌데 가치투자를 잘하는 젊은 투자 기업으로 유명했고요, K○○자산운용사와 함께 연금저축상품을 운용하고 있었습니다."

이때 강 대리님이 나 대리님께 작은 목소리로 묻는 말이 내 귀에 들어왔다.

'연금펀드라더니 이게 무슨 설명이에요? 자산운용사?'

정리를 먼저 할 필요가 있었다.

'간략하게 말씀드리면 저는 금융회사가 판매하는 연금상품 중에서 증권사가 관리하는 연금저축계좌, 즉 연금펀드에 가입했습니다. 나이도 어리고 앞으로 투자할 기간도 기니까 기왕이면 좀더 높은 수익을 추구할 수 있는 쪽을 택한 거죠. 은행이나 보험사에서 파는 상품과 달리 연금저축계좌에서는 어떤 펀드를 넣을 것인지 가입자가 스스로 결정해야 합니다. 그런데 이 펀드라는 것이 수익이 날 수도 있고, 손해가 날 수도 있습니다. 그에 대한 책임도 가입자에게 있기 때문에 무작정 가입하는 것이 아니라 약간의 공부가 필요합니다. 오늘은 그 공부의 결과물을 말씀드리는 자리입니다."

"오~ 범한! 진짜 프레젠테이션 하는 것 같다. 완전 사회자야 사회자. 하하"

"계속 말씀드리자면, 여러 사람의 돈을 하나의 계좌에 넣고 이 계좌로 투자하는 것이 펀드인데, 펀드의 운용은 증권사가 아니라 자산운용사가 맡습니다. 결국 펀드를 고른다는 것은 이 자산운용사를 고른다는 이야기죠."

"저게, 칭찬해주는데 무시하고 있어. 그래도 좀 잘 배운 것 같으니 용서해준다. 팀장님. 한잔하시죠? 강 대리님도?"

나 대리님의 추임새는 나에게도 생각을 정리할 시간을 주었다. 또 분위기 메이커로서의 역할도 톡톡히 하셨다. 나 대리님. 싸랑합니다.

"각 자산운용사마다 투자할 대상을 찾는 방법, 자금을 운용하는 방법이 다릅니다. 그 차이를 알아보고 자기가 쉽게 수긍할 수 있는 운용사를 찾아야, 나중에 어떤 결과가 나오든 내 투자에 책임을 질 수 있을 것입니다."

"질문. 투자 대상과 운용에 대해 자세히 설명해주세요, 강사님!"

"투자 대상은 일단 기업이냐 채권이냐, 국내냐 해외냐 등 기본적인 카테고리가 있고요, 국내 기업을 대상으로 했을 때 어떤 기업에 투자할 것이냐가 핵심입니다. 기업의 가치를 가늠해보고 현재 주가와 비교해서 살까 말까를 결정하는 거죠.

기업의 가치라는 게 그냥 재무제표에 나오는 숫자와는 다르더라고요. 돈을 얼마나 잘 버느냐를 보는 수익가치, 가지고 있는 자산이 얼마나 되느냐 등을 따지는 자산가치, 미래를 예측했을 때 여기는 대박이다 싶은 미래가치 등 다양한 방식이 있습니다. 수치로 계산하기 어렵지만 하고 있는 사업의 특성을 고려해 투자하는 경우도 있더군요. 시장 지배력이라고 할까요? 브랜드도 좋고 기술력도 뛰어나서 경쟁자를 찾기가 어려운 회사들에 투자하는 방식입니다.

운용은 현금과 주식의 비중 조절, 주식 간의 비중 조절, 급등락 등에 대한 대응 정도가 되겠네요."

한참 설명하고 있는데 강 대리님한테 전화가 걸려왔다.

"어, 여보.

응, 회식. 삼겹살.

애는 잘 놀아? 그래, 알았어. 수고 좀 해. …….

1년 반 만에 회식이야. 많이는 안 마실 거고, 좀 늦을 수도 있어."

전화를 끊으며 약간의 하소연이 자연스럽게 나온다.

"팀장님, 남자들 다 이래요? 엄마가 애 보는 건 당연한 거고, 자기가 보는 건 매우 특별하게 힘든 거예요?"

"다는 아닙니다. 전 절대 그렇게 생각하지 않습니다."

"그래, 세상에 당연한 게 어딨어. 행복하자고 함께하는 삶인데 서로 나눠야지."

"범한 씨 이야기에 따르면 저는 수익가치, 자산가치도 별로 없지만 미래가치를 보고 몰빵 투자한 상황인데, 이건 일단 투자 대상을 잘못 고른 셈이네. 그렇다고 이제 와서 투자를 포기할 수도 없고. 이게 투자에 대한 책임인가?"

"농담하시는 거죠? 결혼을 팔 수는 없는……"

"당연히 농담이지. 범한 씨도 눈치하고는!"

"하하하."

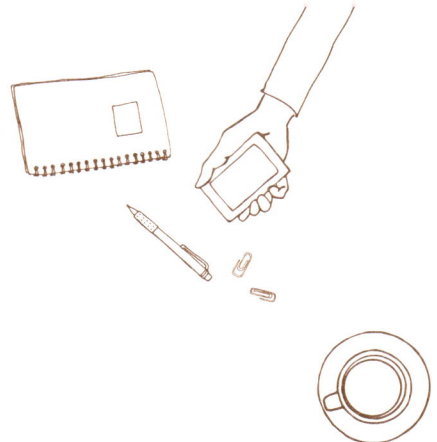

투자의
원칙과 철학

"자, 범한 씨 다시 정리해보지. 개괄에 대한 설명 잘 들었어. 정리가 완벽한데. 아까 가치투자를 표방한 자산운용사부터 듣자고."

"지금부터는 그냥 제 생각입니다."

"그래, 옳고 그름을 따질 문제는 아니니까 걱정하지 말고 이야기해봐."

"네, 아까 말씀드린 몇몇 자산운용사들은 가치투자의 명가^{名家}라는 평을 듣는 곳들인데요, 그런 평을 듣는 이유는 오랜 기간 투자원칙을 지키며 꾸준한 수익을 내고 있기 때문이었습니다."

"범한 씨, 그게 가능해요? 주식투자를 하면서 꾸준한 수익을 낸다는 게?"

"손해도 조금씩 보기는 하는데요. 시장 상황이 좋지 않아서 종합주가지수가 낮아지는 경우에도 상대적으로 손해를 적게 보더군요."

"종합주가지수보다는 적게 손해를 본다. 안정적이라는 말이 되네요."

"원칙을 지킨다는 말은 어떤 의미야?"

"투자 대상 기업을 찾는 방법이나 투자금 운용에 지속적으로 지켜나가는 철학이 있다고 볼 수 있습니다. 제가 이번에 공부하면서 느낀 건데요. 투자상품에는 계속 공부해야 하는 상품과 맡기고 지켜볼 수 있는 상품이 있더라고요."

"계속 공부를 해야 한다는 게 무슨 말이죠?"

"강 대리님 혹시 6개월 안에 원유값이 오를 것 같으세요? 떨어질 것 같으세요?"

"글쎄요? 내가 그걸 어떻게 알아?"

"간혹 이런 광고들이 보이더라고요.

지금 어느 나라가 뜬다. 이제 이 상품에 가입해라! 유가가 바닥일 때는 이 상품에 가입하라!

그런데 이런 상품은 가정을 가지고 있습니다. 어떤 나라 경제나 특정 자원 등의 가격이 어느 한 방향으로 움직인다는 가정하에 이 금융상품이 좋다는 이야기인데, 반대로 그 나라 경제가 나빠진다면 이 상품이 좋을까요? 아닙니다. 이 상품을 잘 이용하려면 그 나라의 경제에 대해 지속적으로 공부하고 나빠질 경우를 대비해야 합니다. 하지만 저처럼 투자 초보자인데다 투자에 대한 공부를 할 시간이 없는 월급쟁이 입장에서는 전혀 대비할 수가 없습니다. 이렇게 지속적인 관심과 공부가 필요한 상품인데, 예상 수익률이 높다고 무턱대고 맡기는 건 투자가 아니라 돈 놓고 돈 먹기, 도박인 것 같습니다.

게다가 연금입니다. 매달 피 같은 제 돈이 들어가는 상품이고 계속 넣어야 하는 상품입니다."

"그래서 연금상품은 믿고 맡길 수 있는 투자 철학을 가진 운용사에 넣어야 한다?"

"네, 그렇습니다."

"범한 씨, 그럼 아까 말한 곳 중에 아무 곳이나 넣으면 되나요?"

"아~, 어~, 그렇게 물어보시면, 제가 책임질 수는 없는 문제라……."

짝짝짝

팀장님이 가볍게 박수를 치며 나를 보며 씩 웃어주셨다.

"다른 사람의 투자 관련 질문에 확답을 피하는 기본자세, 좋아. 이걸로 범한 씨 2단계 미션까지 성공한 셈이네."

"2단계라니요?"

"1단계는 내가 가입해야 할 상품에 대해 자세히 알아보고 결정할 것, 2단계는 내가 왜 그렇게 했는지 다른 사람에게 설명할 수 있을 정도로 공부했음에도 불구하고, 내가 맞다고 우기거나 내가 가입한 상품을 권유하지 않는 것."

"2단계 다음도 있나요?"

"그럼. 3단계는 나의 투자 결과에 대해 일희일비하지 않고, 그 원인을 공부하여 다음 투자에 대비할 것. 마지막 4단계는 내가 왜 투자를 하고 있는지 잊지 말 것."

"이야, 멋진데요. 공부하되 강요하지 말고, 대비하며 꾸준히 공부하되 목적을 잊지 말라! 이거 어디서 나온 말이에요?"

"왠지 누군가 대단히 훌륭한 대가의 명언 같은데요?"

"쓸 만하다 싶으면 외워둬. 저작권자는 나야."

"네?"

"하하, 무안하게 뭘 그리들 놀라시나. 자, 잔이나 부딪혀줘!"

"정말 팀장님이 만든 말이에요?"

"별거 아냐. 그냥 10년 가까이 투자라는 걸 하면서 스스로 되뇌던 말이라 그냥 나온 거야. 한참 주식에 빠져서 이것저것 들여다볼 때는 내가 많이 아는 줄 알았어. 그러다 다른 사람들의 투자에도 많이 훈수를 뒀었고. 그런데 그 훈수가 맞아떨어져서 수익이 나면 좋은데, 그렇지 않을 경우에 사람들은 내색은 안 하면서도 내 탓을 하더군.

투자에 성공이나 실패라는 기준을 정하는 것도 결국은 나 스스로가 하는 거라 딱히 뭐가 실패다 말하기는 어렵지만, 한때 투자에 실패했다는 생각이 들 때도 있었어. 한동안은 남 탓을 했는데 결국은 내 탓이더군. 실패의 원인을 찾아보자는 것도 한참 뒤에야 생각이 났어. 그리고 어느 정도 수익이 나니까 또 욕심이 생기기도 했어. 방 한 칸이 더 있는 집으로 이사를 가야지 하는 생각으로 투자하던 때가 있었는데, 막상 수익이 나서 옮길 여유가 생겼는데도 이 돈을 다 집 사는 데 써버리면 난 무슨 돈으로 투자하나 하는 생각에 머뭇거리기도 했었지."

"제가 알던 팀장님 맞으세요? 꼭 도사님 같으세요. 호호"

"도사는 무슨……. 하하.

사실을 고백하자면 내 투자 스타일도 가치투자야. 하지만 어느 유명한 가치투자자가 이런 말을 한 적이 있어. 누구에게나 딱 맞는 투자 기법이란 존재하지 않는다고 말이야. 가치투자도 완벽한 투자법은 아니라는 거지. 다소 소심하지만 차분하고 인내심이 많은 사람, 돈을 벌기보다 잃지 않으려고 애쓰는 사람, 변동성이 심한 큰 수익보다 꾸준하고 작은 수익을 추구하는 사람에게는 잘 맞는 투자법이야.

게다가 최근 세계 경기를 보면 그 발전이 더뎌진 게 사실이야. 전 세계적인 저금리 상황이 그 증거이기도 하고. 지금 같은 때는 가치투자가 더 맞는다고 생각해. 또 길게 보고 투자해서 결실을 얻는다는 점에서 노후를 위한 연금 마련에 더 유리하기도 하지.

범한 씨가 가치투자를 선택했다니 난 동지를 만난 것 같아 반가워."

팀장님의 응원에 갑자기 힘이 솟았다.

"범한. 그러니까 넌 아까 그 운용사 중에 하나를 골라 연금저축 계좌를 맡기겠다 그 말인 거지?"

"이미 고르긴 했어요. 운용사들도 자세히 보니까 현재의 수익가치나 자산가치 등을 더 중시하는 스타일과 미래가치를 보는 스타일로 나뉘더라고요. 미래에 어떤 기업이 더 성공할 것인가를 보는 것도 좋겠지만, 전 당장 이해가 가능하고 현재에 기반을 둔 가치평가가 더 나을 것 같아서 그쪽으로 했습니다."

"내가 알기로는 그 스타일도 몇 개 운용사가 비슷할 텐데?"

"네, 그래서 좀더 친절한 쪽으로 하려고요."

"친절?"

"자산운용사들은 분기마다, 해마다 운용보고서를 공개합니다. 그래서 찾아 읽어봤죠. 아무래도 더 쉽고 친절한 쪽으로 눈이 가던데요. 하하"

"그것도 좋은 선택이야. 처음에 애널리스트 리포트 보는데 무슨 말인지 하나도 모르겠더라. 일단 좀 단어라도 쉽게 써줘야 알지."

"처음에는 완전 새로운 단어라 무슨 말인지 감도 안 잡히겠지만, 자꾸 보다보면 익숙해질 거야. 전문용어라는 게 듣는 사람 어렵게 만들려고 나온 것만은 아니거든. 우리도 일하다보면 그렇잖아. 일반인들은 모를 만한 단어들이 툭툭 튀어나와. 대신 더 정확하고 빠른 의사소통이 가능하지. 어쨌든 투자의 세계에 입문한 것, 다시한번 축하해."

"네, 감사합니다."

"대화 주제 좀 바꿔주시죠. 이거 초보자는 낄 수가 없네요. 게다가 전 하루종일 바쁜 직장맘이라 재테크 공부할 시간도 없다고요."

"을, 걱정 마. 우리 범한이가 다 알아서 정리해줄 거야. 그런 의미에서~ 범한 파이팅!"

　"하하, 그래 잘 부탁해, 범한 씨. 파이팅!"

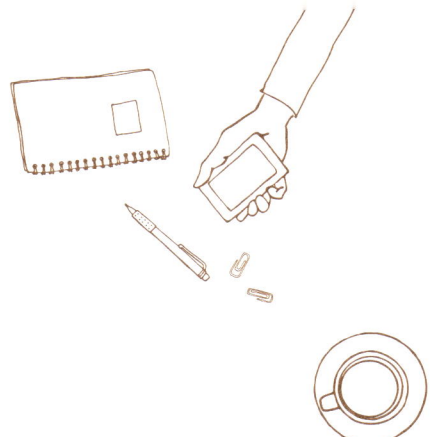

인생
공부

　대화의 주제는 다시 회사 이야기, 육아 이야기, 정치 이야기 등으로 돌아갔다.
　지난 한 달 동안 펀드에 대해 이리저리 살펴봤다지만 어찌 보면 별거 아닌데, 한번 더 생각해볼 기회가 있었다는 것만으로 다음에는 강 대리님께 연금이나 펀드에 대해 설명해드려야 할 상황이 됐다. 잘할 수 있을까?
　강 대리님은 어떤 게 궁금하실까?

　"범한 씨, 무슨 생각을 그렇게 해?"
　잠깐 대화에 끼지 못하고 멍하니 강 대리님의 재테크에 대해 고민하다 팀장님의 말에 다시 현실로 돌아왔다.

"제가 다른 분들 재테크에 대해 함께 고민할 만한 준비가 됐나 생각해보고 있었습니다. 아직 모르는 게 많은데 싶어서요."

"어, 아까 내가 한 말 때문에 그래? 웃자고 한 얘기인데 죽자고 정색을 하면 내가 뻘쭘하잖아?"

"아니 뭐, 꼭 그렇다기보다는요."

"난 이렇게 생각해. 우리들이 자동차 부품 기획에는 전문가지만 재테크나 투자에 대해서는 사실 누구를 가르칠 만한 사람들은 아니지. 게다가 투자 이론은 몰라도 실제 투자는 배운다고 그대로 되는 것도 아니야. 지금으로서는 금융상품에 대한 정보 공유나 의견 교환 정도가 우리가 할 수 있는 거겠지.

재테크라는 단어만 해도 그래, 많이들 쓰니까 익숙하겠지만 원래 의미는 지금 이해하고 있는 것과는 다를 거야. IMF 이후 일본의 누군가가 재무와 기술(테크놀로지)을 합쳐서 만든 신조어인데, 전에는 기업에서 하던 재무관리를 말하다가 개인 자산 관리 영역으로 확대된 거지.

이 재테크에서 가장 중요한 것은 목적이야. 기업 재무관리 입장에서 보면 더 쉬울 거야. 월급 같이 매월 내보내야 할 자금 사정도 빠듯한 기업이라면 재테크의 목적은 무얼까?"

"월급은 안 밀리고 내보내야 하니까 거래처 결제일을 조정한다든가, 단기 대출을 받을 수 있도록 미리미리 은행과의 관계를 돈독히

허봐야겠죠?"

"받을 돈을 잘 받는 게 더 중요한 거 아닐까요? 얼마나 수입이 있는지부터 정확히 파악해야 할 것 같은데요."

"원자재를 수입해 국내에서 완제품을 만들어 다시 수출하는 기업이라면?"

"이건 환전이 중요하겠네요. 환율 움직임에 따른 자금 운용이 필수겠죠."

"그것보다 물류비용과 기간, 결제 조건부터 따져야 하지 않을까요? 선적까지만 책임지는 건지, 도착까지 책임져야 하는 건지에 따라 결제 대금과 보험 조건이 달라질 테니까요."

"통장엔 현금이 넘쳐나고 매우 경쟁력 있는 독점 상품을 파는 글로벌 기업이라면?"

"걱정할 것도 없겠죠. 월급 올려주고, 협력 업체 단가 좀 올려주고 하면 되겠네."

"어느 회사가 그래요? 벌 때 벌어서 안 좋을 때를 대비해야죠. 여유 자금의 규모에 맞춰서 자금 운용을 해야죠. 아니면 신사업에 투자하든가."

"다들 좋은 말이야. 하지만 정답이 하나일 수는 없어. 그때그때 다르겠지. 환경에 따라서는 물론이고, 직원 수나 오너의 마인드, 업력 경쟁 기업의 수에 따라서도 달라져. 방금 이 질문을 개개인, 가정경제에 맞춰서 해보면 어떨까? 당연히 집집마다 생각이 다르겠지."

"정말 그러네요. 여유가 있는 집, 없는 집. 집을 넓힌다거나 차를 사야 한다는 등 자산 확대를 목표로 하는 집, 해외에 가족이 나가 있는 경우도 있을 테고……."

"노후에 대한 대비도 해야죠."

"저도 신랑이랑 자주 얘기하는데요, 자식에게 노후를 맡길 생각이 아닌 이상 연금은 필수인 것 같아요."

"백세시대를 산다는 것, 제로 금리 시대를 산다는 것은 지금까지 아무도 경험해보지 못한 세계야. 30세에 아이를 가진다는 전제로 보면 10살짜리 아들을 가진 40세 아버지가 70세 할아버지와 100세 증조할아버지를 모셔야 한다는 이야기거든. 하지만 경제성장은 정체되고 이자소득으로는 생활이 불가능하지. 국민연금과 퇴직연금, 주택연금, 개인연금 등으로 3중, 4중 안전장치를 해야 하는 상황이야."

"그중 개인연금 분야에 있어서는 세제 혜택에서부터 펀드상품의 선택에 이르기까지 편범한 선수에게 물어보면 도움이 될 거야."

"또 놀리신다."

"하하하"

"그러고 보니, 나 대리님은 아직도 주식투자 하세요?"

"아니, 이젠 안 해. 정확히 말하면 직접투자는 안하고 적립식 펀드에만 넣고 있어."

"왜요? 또 호되게 깨지셨어요?"

"꼭 그래서는 아니고, 시간도 너무 많이 잡아먹고 일에 집중도 안 되고 해서. 가장 고달픈 게 머리가 너무 아프더라고. 굴리는 돈의 액수와 상관없이 말이야."

'조는 학생은 선생님이 눈치채지 못했을 거라 생각하지만, 교단 에 서 있으면 다 보여. 나도 그때는 힘들었다고. 하루종일 딴생각, 딴짓 하는 거 봐주느라 말이야."

"아휴~ 옛날에 잠깐, 며칠 좀 그런 건데요. 봐주세요. 하하"

"며칠은 무슨. 내가 아는 어떤 펀드매니저는 하루종일 주식 생각만 한대. 운전도 못하고 골프도 안 쳐. 심지어는 쇼핑도 못 한다더군. 필요한 물건을 사러 갔다가 사람들이 몰리는 매장을 보면 왜 그런지, 어떤 기업의 물건인지, 앞으로도 잘될지 등을 따지느라 말이야."

"어? 저도 들어본 그 분인 거 같은데요?"

"나 대리님도 아는 사람이에요?"

"투자자들 사이에서는 전설이지. 내가 산 종목은 몇 달씩 안 오르고, 절대 오르지 않으리라 예상한 종목은 계속 오르고. 그 상황에서 돈을 맡긴 투자자들은 항의하고. 그런 상황이면 강 대리는 버틸 수 있겠어?"

"며칠이면 몰라도 몇 달을 그렇게는 못 버티겠는데요."

"그럼에도 불구하고 원칙을 20년 넘게 지키고 계신 분이 있어."

"어느 날 누군가가 전화해서 '거기 몇 층에서 근무하세요?'라고 물었데. '14층입니다'라고 답을 했더니, '당장 창문 열고 뛰어내려'라고 소리를 지르더래."

"아휴, 전 생각만 해도 끔찍한데요. 무서워서 회사 못 다닐 거 같아요. 투자라는 게 대충 이렇게 하면 되는 건가 싶었는데 정신노동이 상당한데요."

"소설가 김훈 선생님은 『칼의 노래』를 쓰면서 얼마나 이를 악물고 쓰셨는지 한동안 엄청난 치통에 시달리셨대. 그리고 나서도 계속 글을 쓰시지. 난 이 얘기를 들으면서 이 펀드매니저가 생각나더라고. 얼마나 치열하게 고민하고 버티며 살고 있을까? 또 얼마나 좋으면 그렇게 힘들면서도 계속 이 일을 할까?"

"제가 가입한 상품의 운용자는 두 공동대표가 하는 곳인데요."

"어쩐지, 거기일 것 같더라."

"에~? 대리님, 눈치채셨어요?"

"아까 이름 언급할 때부터 거긴가보다 했어. 거기 대표님들도 유명하지. 학생 때부터 지금까지 줄기차게 가치투자 전도사 노릇을 자임하고 또 성과도 좋았으니까."

"사실, 얼마 전에 강연도 한번 가서 봤는데 에너지가 대단하더라고요."

"나도 좋아하는 회사야. 거기도 벌써 십 삼사 년 됐을걸? 열정이 대단해. 관점도 흔들림이 없고. 게다가 투자 관련 정보를 얼마나 쉽게 설명해주는지, 가치투자의 전도사라고나 할까?"

"팀장님도 잘 아시나봐요?"

"나도 그 대표님들 책보고 가치투자를 시작했으니까. 노르웨이 국부펀드라고 세계에서도 투자 규모가 제일 큰 연기금인데 거기서도 이 회사의 철학을 인정하고 돈을 맡겼을 정도야."

"투자에 대해 잘 모르는 저라도, 이 얘기만 듣고 그 펀드에 돈을 맡길 수 있겠는데요?"

'강 대리도 다음에 재테크 상담 한번 하자고. 나 분명히 상담이라고 말했어. 교육이 아니야. 생각하는 거 서로 편하게 이야기 나누면서 앞으로를 준비해보자고."

"조심하세요, 저 숙제하느라 거의 한 달 걸렸습니다."

"어, 이 친구가?"

"하하하"

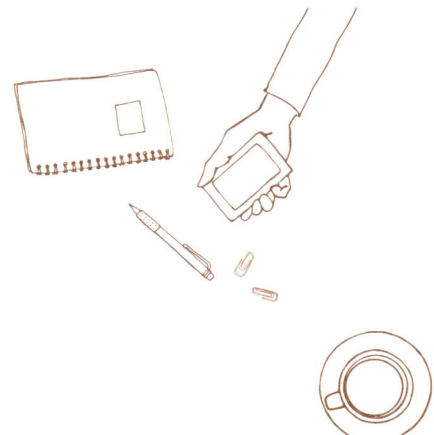

그리고
6개월

"범한 씨?"

"네, 강 대리님."

"어때, 연금 든 거 수익률은 잘 나와?"

"아유, 이제 반년도 안 됐는데요 뭐. 수익률은 약간 마이너스입니다. 그래도 종합주가지수 빠진 거보다는 좀 덜 빠졌어요. 메일로 보내주는 운용보고서 보면서 공부하고 있습니다. 그런데 갑자기 그건 왜?"

"나도 그 펀드 가입했거든. 팀장님이랑 상담 좀 하고, 신랑이랑 같이 공부했어. 정확히는 신랑을 공부시킨 거지만.

나는 범한 씨랑 같은 펀드, 신랑은 다른 가치투자 펀드와 해외 펀드. 나름 무역업 종사자라 해외 기업도 잘 안다고 하니 믿어봐야지."

"가족 간의 포트폴리오가 좋은데요. 성공 투자 기원하겠습니다."

"호호, 그래. 범한 씨도 좋은 성과 있길 바랄게. 물론 당장은 아니겠지만 말이야."

"10년 후쯤 되면 결과가 보이겠죠?"

"난 2~3년 지켜보고 리밸런싱Rebalancing하려고. 그때면 원금도 조금은 늘어날 테고, 매월 납입금도 좀 커지지 않을까? 상황에 맞춰서 다른 펀드도 추가해볼까 해."

"네, 그때는 같이 공부하시죠. 저도 더 알아보도록 하겠습니다.
그런데 리밸런싱이란 말은 언제 아셨어요?"

"내가 좀 빨라. 호호. 사실 별 이야기도 아니던데 뭐. 한동안 돈을 모으고 굴렸으면 당연히 그 다음에는, 이만큼은 이렇게 저만큼은 저렇게 굴려봅시다. 앞으로 들어오는 돈은 요렇게 해봅시다. 이야기를 해봐야지."

"오, 자산 배분과 그 조절에 대한 이야기를 정말 당연하게 말씀하시네요. 나 대리님 형수님도 그렇고, 역시 여성분들이 재테크에 더 밝으신 것 같아요."

"칭찬 땡큐, 그나저나 공부도 좋은데 이제 슬슬 연애도 시작해보시지? 연구소 지영 씨가 관심 있다던데?"

"네?"

"뭘 그리 놀래? 귀까지 빨개졌네? 호호, 관심 있구나? 다리 한번 봐줘?"

"아니, 뭐 꼭 그렇다기보다는……."

갑자기 주위가 어두워졌다. 이건 뒤에 누군가가 바짝 붙었을 때 나타나는 현상이다.

분명 날 곤경에 빠트릴 그 분이다!

"팀장님. 범한이, 장가간데요. 날 잡는다는데요!"

"진짜야? 축하해!"

"으악, 나 대리님!"

"하하하"

"범한 씨 입사 안 했으면 우리 나 대리 심심해서 어떻게 살았을까?"

"그러니까요. 이 친구는 하늘에서 내려준 선물입니다. 선물. 하늘에서……. 물……. 에효."

"무슨 말씀이세요. 갑자기?"

"나 대리 또 나대다 손해봤어. 범한 씨 연금 가입할 때쯤 물 펀드에 들어갔는데 반년 수익률이 좋지 않은가봐. 기다리면 나아질 줄 알았는데 집사람한테 딱 걸려서 손해본 채로 나와야 한다고 이렇게 울상인 거지."

"팀장님, 그 펀드가요 벌써 10년 전에 만들어진 펀드인데요, 몰라서 그렇지 진짜 좋은 펀드거든요. 이 물이라는 게 사실 정말 귀한 거잖아요. 우리나라도 몰라서 그렇지 물 부족 국가에요."

"그렇다고 해도 투자할 자금의 성격을 봐가면서 해야지. 친정아버님 칠순 잔치 비용으로 적립해놓은 돈에 손을 댔다며? 만기가 분명한 돈인데 그걸 왜 펀드에 넣어? 그것도 채권도 아닌 주식형 펀드에."

"과거 수익률 보니까 진짜 안정적이더라고요. 몇 달씩 그렇게 빠진 것도 이번이 거의 처음이고요. 아니 그래도 물인데, 설마 물값이 그렇게 움직일지 어떻게 알았겠어요?"

팀장님과 나 대리님이 투덕거리며 대화를 이어나가자 강 대리님이 중간에 끼어들며 질문을 던졌다.

"그게 무슨 말이에요? 진짜 물에 투자한다는 말이에요? 그러고 보니 원자재 펀드는 금이나 곡물, 원유 같은 데 투자한다는데. 금값 오르면 같이 오르고 그러는 건가요?"

먼저 나 대리님이 답을 하고 나섰다. 아마도 모르고 투자했다는 오명을 쓸까봐 걱정돼서 그랬을 것이다.

"좀 다른 얘기지. 여기서 말하는 물 펀드는 물이라는 테마를 가진 기업들을 대상으로 투자한다는 말이거든. 하수처리 전문 기업, 담수화 플랜트, 상하수도 관련 기업 같은 거. 규모가 좀 있다보니까 이게 우리나라 기업을 대상으로 하는 게 아니야. 글로벌 기업을 대상으로 하지.

원자재 펀드도 마찬가지로 관련 기업에 투자해. 금이나 보석이라고 한다면 해외의 사설 금 거래소나 다이아몬드 전문 유통회사, 보석 가공 업체 같은 기업에 투자하는 거지.

원유만 해도 그래. 시추하는 업체, 운송하는 업체, 채굴권만 가진 업체, 정제하는 업체 등 우리가 몰라서 그렇지 관련 기업이 엄청 많아."

"원자재 시장에 직접 투자하거나 관련 파생상품에 투자하는 경우도 있긴 하지. 서부 텍사스산 원유 가격처럼 매일매일 가격이 나오는 원자재 시장도 있으니까. 하지만 물은 그런 가격이 없어."

"그렇죠. 물은 없죠. 전 세계 모든 사람에게 꼭 필요한 산소와 물. 이런 중요한 것들에 가격을 붙이면 안 되죠. 그런데 그게 왜 떨어지냐고요."

"인간아, 자네 입으로 이야기했잖아. 물이라는 테마를 가진 기업을 대상으로 한다고. 물 관련 사업이 한두 푼으로 될 일이야? 각 국가들이 나서서 해결해야 하는 사회 기반 사업이잖아. 각 나라별로 정치, 경제적 상황이 다르니 더 고민하고 투자해야 할 것을 그렇게 생각 없이……."

"아이, 팀장님. 후배들 앞에서 쪽팔리게 진짜. 좀 저쪽으로 가서 말씀 나누시자니까요."

팀장님 한쪽 팔을 꼭 잡고 건너편 휴게실로 들어가는 나 대리님을 보며 강 대리님이 한숨을 내쉬었다.

"저건 분명히 팀장님한테 집에 전화해달라고 조르는 상황이다. 그래도 나 대리님 사모가 팀장님 말씀은 잘 듣거든."

"왜 그런 실수를 하셨을까요?"

"나라고 알겠니. 잘 나가다 삑사리내는 게 저 분 특기인 것을."

"나 대리님, 참 좋은 분인데."

"그래도 재테크는……."

"믿지 말자!"

"호호, 바로 그거야!"

지난 몇 달간 투자를 공부하면서 느낀 것이 있다. 내가 일해서 받는 월급은 중요하다. 그 돈의 일부를 좋은 기업에 투자할 수 있다면 더 큰돈으로 돌아온다. 좋은 기업은 아무리 숨기려 해도 드러나기 마련이다. 좋은 기업에 다니는 사람은 좋은 영향을 주는 사람들을 만나기 쉽다.

나는 좋은 기업에 다닌다.

TIP

노후 준비 필요성

연금의 종류

연금의 불입과 수령

개인연금의 필요성

연금저축

연금저축펀드

연금저축 투자 방법

연금저축펀드 관리

노후 준비 필요성

1 노후 준비
왜 필요한가?

은퇴, 노후 준비라는 말은 자주 듣지만, 쉽게 와 닿지 않습니다. 지금 당장은 건강한데다 많든 적든 돈을 벌고 있으니까요. 노후 준비가 부족해 어려움을 겪는 주변 분들을 봐도 내 일이 아니려니 하고 지나치곤 합니다. 그래서일까요? 대부분의 사람들은 준비 없이 은퇴를 맞이합니다.

왜 노후 준비가 필요한지, 사회구조적인 측면과 개인 재무 패턴 측면에서 그 이유를 찾아보도록 하겠습니다.

우선 단순한 질문을 던져봅니다. "우리는 몇 살까지 일하고, 몇 살까지 살 수 있을까요?" 요즘 대부분의 답변은 50세, 80세로 나옵니다. 같은 질문을 20년 전에 했다면 어땠을까요? 50대 중반에 퇴직해 70살까지 살 것이라는 답이 많았습니다. 퇴직의 시기는 앞당겨졌고, 수명은 과거에 비해 비약적으로 증가했다는 것을 알 수 있습니다. 예전과 달리 은퇴 연령과 수명의 차이가 커지면서, 소득 없이 살아야 하는 기간이 늘어나면서 노후 준비가 필요해졌습니다.

또하나의 문제는 고령자를 부양할 사람들이 줄었다는 것입니다. 출산율의 하락은 이제 익숙한 뉴스가 됐습니다. 예전에는 서너 명씩 낳은 자녀들의 도움을 받을 수 있었습니다. 그러나 이제는 부모를 모시는 자식들을 찾아보기도 힘들어졌습니다. 오히려 경제적으로 자립하지 못한 자녀들에게 지원을 해야 하는 실정입니다.

가정 내에서도 노후에 대한 대비가 부족하고, 국민 전체를 봐도 국민연금을 수령할 사람은 계속 늘어나지만 국민연금을 납부해줄 인구는 줄어드는 게 현실입니다.

우리나라 가계의 자산 관리에는 몇 가지 특이한 점이 있습니다. 세계적으로 유사한 사례가 없을 정도로 부동산의 비중이 높고, 지출 항목에서 자녀 교육비 및 대출금 상환의 비중이 상당히 높습니다. 생애 재무관리 측면에서 부족한 자금을 대출 등으로 조달하고 이를 갚아가면서 자산을 축적하는 방식도 좋습니다. 그러나 과도한 자녀 교육비 지출과 대출금 상환을 하면서는 개인의 노후 준비를 할 수 없는 것이 현실입니다.

결국 은퇴하면 약간의 퇴직금과 대출이 아직 남은 집 한 채만 남습니다. 부동산은 안정적인 자산이지만 유동성이 떨어진다는 단점이 있는데요. 자산이 부동산에 편중되어 있는 것도 노후에 어려움을 겪는 하나의 요인입니다. 그리고 과거와 같은 고금리 시대라면 이자 수입이 노후에 보탬이 되겠지만 그렇지 못한 것도 현실입니다.

노흐 준비가 필요한 이유는 바로 이런 이유들에 있습니다. 은퇴와 수명의 간극을 최대한 줄이고, 그 기간 동안 본인이 가진 자산을 효율적으로 활용하여 생활할 수 있는 여건을 만드는 것이 노후 준비입니다.

연금의 종류

2 연금으로 준비하라는데 종류가 너무 많아요

연금으로 노후를 준비하라는 말을 자주 듣습니다. 그런데 연금이라 불리는 상품이나 제도가 너무 많아서 구분하기도 어렵습니다. 노후를 위한 연금을 준비했냐고 묻는 것은 아래 그림과 같은 '노후 소득 3층 보장 구조'를 갖추었는지 묻는 것입니다.

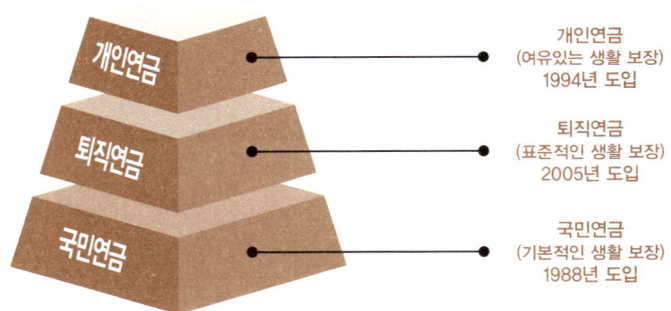

개인연금
(여유있는 생활 보장)
1994년 도입

퇴직연금
(표준적인 생활 보장)
2005년 도입

국민연금
(기본적인 생활 보장)
1988년 도입

최근에는 '주택연금'과 '월지급식 상품'을 포함하여 5층 보장 구조를 가져가라고 말하기도 합니다. 주택연금과 월지급식 상품은 뒤에 설명하고, 우선 3층 보장 구조를 먼저 보겠습니다.

[1층 국민연금]

1층을 이루고 있는 것이 누구나 다 알고, 누구나 다 가입해야 하는 '국민연금'입니다.

우리가 취업을 하면 자동적으로 납부되는 4대보험(국민연금, 건강보험, 고용보험, 산재보험)에 국민연금이 포함되어 있습니다. 이런 국민연금 가입자를 당연(의무)가입자라 부르고 사업장가입자와 지역가입자로 나뉩니다. 대부분의 근로소득자가 해당된다고 보면 이해하기 쉽습니다.

당연가입자 이외에 임의(선택)가입자도 있습니다. 당연가입자를 제외한 사람이 희망하여 가입 가능합니다. 직장을 가지고 있지 않고 가사에 전념하는 주부들이 주요 임의가입자라고 생각하시면 됩니다.

이 국민연금은 퇴직연금이나 개인연금과 다르게 '공적연금'이라는 성격을 가지고 있습니다. 공적연금이란 국가가 운영 주체가 되는 연금으로, 국민연금 이외에 공무원연금, 군인연금, 사립학교교직원연금이 있습니다. 가입과 탈퇴가 자유로운 사적연금과 다르게, 가입이 강제되는 특징이 있어 일종의 사회보험적인 성격을 가지고 있습니다.

[2층 퇴직연금]

퇴직하면서 퇴직금을 한꺼번에 받게 되면 이를 바탕으로 자영업을 하거나 대출 상환을 하는 경우가 대부분이었습니다. 퇴직근로자들의 노후 준비에는 큰 도움이 안됐던 거죠. 그래서 나온 제도가 퇴직연금 제도입니다. 급속한 고령화, 외환 위기 이후 비정규직의 증가, 근속연수의 단축 등 급변하는 사회 경제적 여건 속에서 기존 퇴직금 제도가 그 한계를 드러내고 이에 대한 개선을 요구하는 목소리가 높아지면서, 2005년 12월 퇴직연금 제도가 시행되어 오늘에 이르고 있습니다.

쉽게 말씀드리면 그동안 일시금 형태로 받던 퇴직금을 연금 형태로 받게 만든 거죠. 노후 대비에 도움이 되게 한 것과 함께, 기업의 도산 등으로 인해 근로자의 퇴직금 수급권이 침해를 당하는 경우도 방지할 수 있습니다.

퇴직연금은 운용의 주체가 누구인지에 따라서 달라지는데요. 크게 확정급여형(DB)과 확정기여형(DC)으로 나눌 수 있습니다.

DB형은 운용의 주체가 회사입니다. 근로자에게는 퇴직시점의 평균임금과 근속연수에 따라 사전에 확정되어 있는 금액을 지급합니다. 근로자 입장에서는 과거의 퇴직금 제도와 똑같다고 생각하면 됩니다. 받는 방식만 일시금이 아니라 연금으로 바뀐 것입니다.

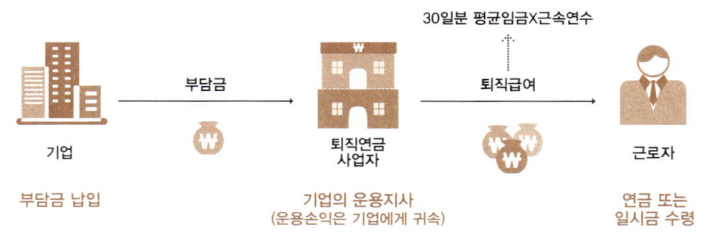

30일분 평균임금X근속연수

| 기업 | 부담금 | 퇴직연금 사업자 | 퇴직급여 | 근로자 |

부담금 납입 / 기업의 운용지사 (운용손익은 기업에게 귀속) / 연금 또는 일시금 수령

DB퇴직급여 = 평균임금(퇴직 전 30일분 평균임금) X 근속연수

반면 DC형은 운용의 주체가 근로자 본인입니다. 사용자의 부담금 수준이 임금총액의 일정 비율로 사전에 확정되어 있는 제도로, 근로자는 적립금 운용 성과가 반영된 퇴직급여를 수령합니다.

부담금+운용손익

기업 → 부담금 → 퇴직연금 사업자 → 퇴직급여 → 근로자

부담금 납입　　　개인의 운용지사　　　연금 또는
　　　　　　　(운용손익은 개인에게 귀속)　　일시금 수령

DC퇴직급여 = 회사의 부담금(연간 임금총액의 1/12) + 운용손익

그 외에도 DB와 DC를 혼합한 제도가 있고, IRP가 있습니다. IRP는 퇴직한 근로자와 추가 부담금 납부를 희망하는 근로자가 가입할 수 있습니다.(IRP 연간 납입한도 1,200만 원, 연금저축과 중복) 퇴직한 근로자는 퇴직금(퇴직연금)이 IRP에 이전되면, IRP 인출 시점까지 퇴직소득 및 운용수익에 대한 세금 납부를 이연할 수 있어 운용 자금의 원본이 커지는 효과를 누릴 수 있습니다. 추가 부담금 납부자는 기존 퇴직연금 납입분 외에 연간 700만 원(연금저축 400만 원, IRP 300만 원)까지 납부할 수 있으며, 최대 16.5% 세액공제 혜택을 받을 수 있습니다.

[3층 개인연금]

기본적이고 표준적인 삶을 위해 1층, 2층의 연금들을 가입했다면, 여유로운 삶을 위해 가입하는 것이 개인연금입니다. 개인연금이라고 하면 막연하게 연금이 붙은 금융상품들도 많기 때문에 제일 헷갈려 하는 부분입니다. 여기서는 연금의 형태로 수령하게 되는 개인연금 제도를 중심으로 알아보겠습니다.

개인연금이라고 불리는 것을 크게 보면 세제 혜택을 중심으로 둘로 나눠 볼 수 있습니다. 연금저축과 연금보험입니다.

연금저축 (세제적격)		연금보험 (세제비적격)	
세액공제 후 연금 수령시 과세 (중도 해지시 세무상 불이익)		연금 수령시 보험차익 비과세 (세액공제 혜택 없음)	
위험회피형(원금보장)	위험선호형	위험회피형(원금보장)	위험선호형
연금저축신탁, 보험	연금저축펀드	일반연금보험	변액연금보험

연금저축은 5년 이상 납입하고, 만 55세 이후 10년 이상 연금 형태로 수령한다는 조건하에 연간 납입액 중 400만 원 한도에서 세액공제 혜택을 받을 수 있습니다. 연간 납입 한도는 IRP를 포함하여 1,800만 원입니다.

연금보험은 45세 이상이면 연금을 받을 수 있고, 가입 한도에 제한이 없으며, 5년 이상 보험료를 납부하고 10년 이상 유지할 경우 이자소득세가 비과세 입니다.

직장근로자의 경우 연금저축을 우선 납부해 세액공제 혜택을 받는 편이 유리합니다. 연금저축은 펀드, 보험, 신탁 등으로 투자할 수 있습니다.

	국민연금	퇴직연금	개인연금
가입 대상	전 국민	근로자	개인
목적	국민의 최저생계비 보장	근로자에 대한 생활 보장 지원	개인 선택에 의한 노후생활 보장
책임 원칙	사회계약에 의한 연대책임	기업의 사회적 책임	자기책임
책임 주체	국가	기업	개인
수단	공적부조, 공적연금	기업연금	개인연금
적립액	연봉의 9% 수준	연봉의 8.3% 수준	개인 결정
급부	소득비례, 재분배	소득 및 근속연수	개인 결정

*노후 소득 3층 보장 구조의 비교

[추가 보장]

3층 보장 구조에 더해 총 '5층 보장 구조'를 이루는 4층 주택연금과 5층 월지급식 상품이 있습니다.

주택연금은 집을 가지고 계시지만 소득이 부족한 어르신들을 위해 집을 담보로 맡기고 자기 집에 살면서 매달 국가가 보증하는 연금을 받는 제도이며, 유사한 제도로 농지를 담보로 연금을 받을 수 있는 농지연금이 있습니다.

월지급식 상품은 법규나 제도에 의한 연금이 아니라 매달 일정 금액을 받는 연금의 형태를 띤 모든 금융상품을 말합니다. 일반적으로 월지급 기능을 가진 펀드들이 해당되며, 펀드에 목돈을 넣고 매달 일정한 금액을 찾아서 쓸 수 있고, 여상치 못한 상황이 발생할 경우 중도 해지가 가능합니다. 기존 금융상품(펀드)의 지급 방식을 연금화시킨 것이라고 보면 이해가 쉽습니다.

연금의 불입과 수령

3 고민 안 하고 연금으로 받으면 좋겠는데, 얼마씩이나 넣어야 하고 어떻게 받을 수 있나요?

[국민연금의 경우]

국민연금은 가입자가 매월 불입하는 보험료가 연금 지급의 재원이 됩니다. 사업장가입자의 경우 보험료율인 소득의 9%에 해당하는 금액을 본인과 사업장의 사용자가 각각 절반, 즉 4.5%씩 부담하여 매월 사용자가 납부해야 합니다. 예를 들어 기준소득월액이 200만 원인 근로자는 매월 18만 원을 납입해야 하는데, 납입자 본인과 사용자가 각각 9만 원씩 부담하면 됩니다. 사업장가입자의 연금 보험료는 가입자가 개별적으로 납부할 수 없고, 사용자에 의하여 일괄적으로 납부합니다.

지역가입자의 경우에도 보험료율은 9%로 동일합니다 사업장가입자와 달리 보험료를 본인이 전액 부담합니다. 2016년 1월 기준으로 최저 89,100원에서 최고 378,900원의 범위에서 선택해서 보험료를 납입할 수 있습니다. 2016. 6월까지 적용할 최저·최고 기준소득월액은 각각 27만 원과 421만 원입니다.

구분	가입 요건	보험료율
사업장가입자	근로자 1인 이상 사업장에 근무하는 근로자 (1개월 이상, 월 60시간 이상 근무)	소득의 9% (사업주 4.5%, 근로자 4.5%)
지역가입자	사업장가입자가 아닌 자 (자영업자)	소득의 9% (전액 본인 부담)

국민연금은 최소 10년을 납입해야 국민(노령)연금을 받을 수 있습니다. 가입 기간 10년이 안되면 국민연금 수급시기가 됐을 때 일시금의 형태로 받아야 합니다. 국민연금 수령의 방법의 종류는 아래 표와 같습니다. 우리가 흔히 국민연금이라 부르는 것은 '노령연금'입니다.

연금 급여(매월 지급)		일시금 급여	
노령연금	노후 소득 보장을 위한 급여 국민연금의 기초가 되는 급여	반환 일시금	연금을 받지 못하거나 더이상 가입할 수 없는 경우 청산적 성격으로 지급하는 급여
장애연금	장애로 인한 소득 감소에 대비한 급여	사망 일시금	유족연금 또는 반환일시금을 받지 못할 경우 장제 보조적·보상적 성격으로 지급하는 급여
유족연금	가입자의 사망으로 인한 유족의 생계 보호를 위한 급여		

지급되는 연금액의 기본 산출식은 매우 복잡합니다.

연금액 산정 = {1.395*(A+B)*P10/P+...+1.2*(A+B)*P23/P}(1+0.05n/12)
A – 연금 수급 전 3년간 전체 가입자의 평균소득월액의 평균액
B – 가입자 개인의 가입 기간 중 기준소득월액의 평균액
n – 20년 초과 가입월수

너무 복잡한 수식이라 어지럽죠! 그냥 노령연금을 기준으로 대표적인 사례를 들어보겠습니다.

사업장가입자로 30년의 가입 기간 동안 월 18만 원을 내왔다면 예상 연금액은 629,710원입니다. 지역연금가입자로 10년의 가입 기간 동안 월 9만 원을 냈다면 예상 연금액은 168,000원입니다.

참고로 국민연금 홈페이지에 가면 수령액을 계산해볼 수 있습니다.

[퇴직연금의 경우]

퇴직연금의 확정급여형(DB)은 기업이 근로자의 퇴직연금을 퇴직연금사업자에게 부담금이라는 이름으로 납부하는데요. 산출 기초율(운용수익률, 승급(진)률, 이직률 등)에 따라 부담금이 변동됩니다. 예를 들어 퇴직연금의 운용수익률이 높아진다면 부담금이 줄어들지만, 반대의 경우는 증가합니다.

하지만 근로자가 받게 되는 퇴직급여는 노사가 약정한 대로 정해져 있습니다.

확정기여형(DC)은 기업의 부담금(연간 임금총액의 1/12)은 정해져 있으며 근로자의 운용 지시에 따라 퇴직급여가 결정됩니다. 예를 들어 5년을 연평균 월급여 200만 원으로 근로한 근로자의 퇴직연금 부담금은 200만 원 X 5년 = 1,000만 원이 됩니다.

확정급여형 제도와 확정기여형 제도의 퇴직급여 수령 금액은 임금상승률과 운용수익률에 따라 결정되는데요. 임금상승률이 운용수익률보다 높다면 DB형이 더 유리하고 그 반대의 경우라면 DC형이 유리합니다.

퇴직할 때 그동안 쌓은 퇴직연금은 일시금으로 받을 수도 있고, 연금으로도 받을 수 있습니다. 퇴직연금 가입 기간이 10년 이상이고 55세 이상이라면 연금으로 받을 수 있습니다. 연금으로 수령할 경우에는 10년 이상의 기간 동안 나누어 받을 수 있습니다. 55세 이전에 퇴직을 하여 연금으로 받을 수 없는 경우에는 퇴직연금을 IRP 계좌로 옮겼다가 55세 이후에 연금으로 받으면 됩니다. 물론 연금으로 받을 수 있는 자격이 된다 하더라도 원한다면 일시금으로 받을 수 있습니다.

[개인연금의 경우]

개인연금 가입은 국민연금, 퇴직연금과 다르게 개인의 자유입니다. 국민연금이나 퇴직연금의 경우 얼마를 부어야 하는지가 개인별로 일정 금액 정해져 있지만 개인연금의 경우에는 일정한 가이드라인이 없습니다.

다만 세제 혜택을 받을 수 있는 개인연금의 대표 상품인 연금저축의 경우, 퇴직연금 추가납입액과 합하여 1,800만 원을 한도로 하고 있습니다.

월 납입액을 얼마로 해야 할지는 개인의 상황에 따라 다릅니다만, 다음과 같은 계산을 미리 해보면 도움이 될 것입니다.

– 노후생활비를 얼마로 잡아야 할까요?

은퇴 전 생활비의 70% 정도를 계산하는 것이 일반적입니다. 은퇴 전에 300만 원을 썼다면 210만 원은 예상해야 한다는 말입니다.

– 현재 준비된 국민연금과 퇴직연금 등 노후 대비 자산은 얼마나 되나요?

2013년 11월 기준 국민연금의 월평균 수령액은 847,830원이었습니다. 퇴직연금 수령액도 한번 확인해보세요.

– 부족한 생활비를 만들기 위해서 얼마나 모아야 할까요?

일찍 시작하면 적은 금액으로도 노후를 대비할 수 있습니다.

개인연금의 필요성

4 국민연금과 퇴직연금이면 충분하지 않을까요?

사실 우리나라의 노후 준비는 매우 부족합니다. 2015년 말 기준으로 국민연금 가입자는 2,157만 명, 15세 이상 인구 4,322만 명의 절반 수준에 불과합니다. 퇴직연금은 상용근로자(상시 고용 상태로 노동부 통계조사 대상인 근로자) 1,100만 명 중 약 590만 명(53.5%)이 가입되어 있습니다.

국민연금과 퇴직연금으로 2층의 보장 구조를 만들어 놓은 사람이 600만 명이라는 이야기입니다. 600만 명밖에 안된다는 것은 차치해두고서라도, 그럼 그 600만 명의 노후 준비는 충분한 걸까요?

그렇지 않습니다.

생애평균소득과 비교해 연금을 얼마나 받는지 나타내는 소득대체율이라는 개념이 있습니다. 이 개념을 먼저 도입했던 선진국의 경우 적정 노후 소득대체율로 70%를 제안합니다. 하지만 2016년 3월 보험연구원의 정책보고서에 따르면 우리나라의 소득대체율은 35.7% 수준이라고 합니다. 예를 들어 생애평균소득이 300만 원이었다면 연금으로 받는 금액이 210만 원은 되어야 하는데 우리는 105만 원 정도만 받게 된다는 의미입니다.

실제로 2015년 국민연금 전체 수급자의 평균 월 수령액은 34만 원에서 조금 모자랍니다. 평균이라 낮게 나왔을 거라고요? 월 300만 원의 급여를 받던 근로자의 국민연금 월 수령액은 62만 원 정도입니다.

여기에 퇴직연금이 더해지면 더 나아지겠습니다만, 퇴직연금과 국민연금의 수령 시점이 달라 문제가 생기기도 합니다. 퇴직연금은 55세부터, 국민연금은 65세부터 수령이 가능합니다. 게다가 대한민국의 50대는 자녀의 교육비와 결혼 비용 등 써야할 돈이 많아지는 시기입니다. 국민연금 수령 시기까지 퇴직연금을 지키기가 어려운 것이 일반적입니다.

퇴직연금을 보완하고 최저생계비 이상의 연금을 받기 위해서라도 개인연금이 필요합니다.

그러나 개인연금에 대한 준비는 미흡합니다. 개인연금의 대표적인 상품인 연금저축의 가입률을 보면 알 수 있습니다. 2014년도 기준으로 전체 근로소득자 1,670만 명 가운데 235만 명이 개인연금에 가입한 상황입니다. 이는 14% 수준에 불과하며, 소득이 낮을수록 낮은 가입률을 보여주고 있습니다.

우리는 왜 개인연금에 가입하지 않을까요? 이 질문에 대한 답은 몇 가지로 정해져 있습니다.

"당장 쓸 돈도 없는데 개인연금까지 부을 돈 없어요" "시간이 없어서" "금리가 낮아서 해봤자 늘지도 않고" "세액공제 받으려고 12월에 넣으려고 했는데 매년 깜빡하네요" "국민연금, 퇴직연금 하는데 지금 개인연금까지 할 이유가 없네요" 이런 답변들을 합니다.

하지만 오늘 걷지 않으면, 내일은 뛰어야 하고, 어쩌면 주저앉아야 할지도 모릅니다. 목돈 마련을 위해 매달 쌓아야 하는 금액은 기간이 좌우합니다. 예를 들어 1,000만 원을 5년(60개월) 동안 모으려면 매달 약 16만 원을 내야 합니다. 5년이 아니라 3년(36개월)을 목표로 한다면 약 27만 원이 됩니다. 20~30대에게 노후는 먼 이야기일 수 있습니다. 하지만 40~50대는 인생에서 가장 돈이 많이 들어가는 시기입니다. 노후에 대한 고민이 커지고 연금을 준비해야 된다는 생각이 들 때쯤에는 어쩌면 시작도 못할 수 있습니다.

이건 단순한 예입니다만, 노후 대비를 위한 자금 2억 원을 목표로 한다고 가정해 봅시다. 2억 원이면 60세부터 20년간 수령한다고 가정할 때, 매달 83만 원 정도를 받을 수 있는 규모입니다.

불입 시작 연령	불입 기간	월 불입액	불입액 상승률	비고
30세	360개월(30년)	36.3만 원	–	단리 3.5% 가정
40세	240개월(20년)	61.6만 원	69.6%	
50세	120개월(10년)	141.6만 원	129.8%	

30세에 시작한다면 매달 36만 원이면 충분합니다. 하지만 40세에 시작한다면 61만원, 60세에 시작한다면 141만 원이 필요합니다. 40세부터 시작하면 30세에 시작할 때보다 약 70%의 돈을 더 불입해야 하고, 50세부터 시작한다면 40세에 시작하는 것보다 약 130%의 돈을 더 불입해야 합니다.

일찍 시작하는 게 왜 중요한지 아시겠죠?

개인연금은 선택이 아니라 필수이며, 가입하기로 마음먹었다면 최대한 빨리 시작하는 게 좋습니다.

연금저축

연말정산도 되는 연금저축으로 개인연금을 준비하자

매년 사람들은 연말정산을 준비합니다. 한때 '13월의 월급'이라 불렸지만 최근에는 '13월의 재앙'이라는 말이 나올 정도로 예전에 비해 연말정산으로 환급받는 항목이 많이 없어진 것은 사실입니다. 신용카드, 현금영수증을 꼼꼼히 챙길 시간에 조금 짬을 내서 연금저축에 가입해보면 어떨까요?

2C15년 기준으로 연금저축에 400만 원을 불입했다면 16.5%의 세액공제율로 최대 66만 원의 세액공제를 받을 수 있습니다.(총급여 5,500만 원 이상 근로자(종합소득금액 4천만 원 초과시)라면 세액공제율 13.2%, 최대 52.8만 원으로 그 혜택이 조금 줄어듭니다) 일반적인 연말정산 항목 중에 단연 최고라고 할 수 있습니다.

이것과 함께 IRP에 연간 세액공제 한도 300만 원으로 추가 불입하면 세액공제를 받을 수 있는 금액이 더 커집니다.

구분		세액공제율	
	연간 납입금액	16.5%	13.2%
연금저축	400만 원	66만 원	52.8만 원
IRP	300만 원	49.5만 원	39.6만 원
합계	700만 원	115.5만 원	92.4만 원

*총급여 5,500만 원 초과 근로자나 종합소득금액이 4천만 원 초과시 13.2% 적용

세액공제까지 받을 수 있는 연금저축 제도에 대해서 알아보겠습니다.

연금저축은 최소 5년 이상의 기간 동안 개인이 납입한 금액을 적립(운용)하여 만 55세 이후 연금으로 수령하는 제도로, 연금저축신탁, 연금저축펀드, 연금저축보험(생명보험/손해보험)으로 나눌 수 있습니다.

	연금저축신탁 (은행)	연금저축펀드 (자산운용사)	연금저축보험 (생명보험)	연금저축보험 (손해보험)
납입 방식	자유납		정기납	
적용 금리	실적배당	실적배당	공시이율	공시이율
연금 수령 기간	확정기간	확정기간	종신, 확정기간	확정기간(최대25년)
원금 보장	보장	미보장	보장	보장
예금자 보호	적용	미적용	적용	적용
상품 유형	– 채권형 – 안정형 (주식 10% 미만)	– 채권형 (채권 60%이상) – 혼합형 (채권, 주식) – 주식형 (주식 60%이상)	– 금리연동형 (적립금액에 적용하는 이율이 매월 변동)	– 금리연동형 (적립금액에 적용하는 이율이 매월 변동)

각 상품은 운용 대상과 방식, 수령 기간 등의 차이가 있습니다.

자산운용사가 운용하는 연금저축펀드는 주식투자 비중을 선택할 수 있어서 다른 연금저축상품보다 높은 수익률을 올릴 수 있고 다양한 방식으로 투자가 가능합니다만 원금 손실의 위험도 있습니다.

연금저축보험은 납입한 보험료에서 사업비를 차감한 금액에 공시이율을 적용하여 적립되므로 계약 초기에는 마이너스 수익률이 발생해 계약 해지시 돌려받는 환급금이 납입한 원금보다 적을 수 있습니다. 생명보험사의 상품은 종신 수령이 가능하나 손해보험사 상품의 수령 기간은 최대 25년까지입니다.

연금저축은 최소 5년 이상 가입해야 혜택을 볼 수 있는 장기 상품인 반면, 선택한 금융 기관의 서비스, 유형(신탁,펀드,보험) 및 상품 특성에 따라 가입자의 수익률이 달라질 수 있습니다. 이에 수급자의 선택 폭을 늘려주기 위해 계좌이체 제도가 마련되어 있습니다. 세제 혜택 등을 위해서는 중도 해지보다 계좌이체 제도를 통해 옮겨가는 것이 유리합니다. 다만 상품의 특성에 따라 이체시 손실이 발생하거나 이체가 불가능한 경우도 있으므로 이체 전에 해당 금융 기관을 방문하기 바랍니다.

구분	내용
개요	연금저축은 계약자가 원하는 경우 다른 금융 기관으로 계좌이체가 가능하며, 이 경우 해지가 아닌 계약 유지로 간주되어 세제 혜택을 계속 부여합니다. 동일 금융회사 내 연금저축 간 계좌이체도 가능합니다.
이체 가능 금융 기관	연금상품을 취급하는 모든 금융회사(은행, 증권, 생명보험, 손해보험 등)
이체 제한 계약	연금 지급 중인 종신형 보험 계약, 압류가 설정된 계약 등
이체 금액	적립금액에서 금융회사별 계좌이체 수수료를 차감한 금액

연금저축펀드

6 신탁, 보험, 펀드 선택에 따라 받을 수 있는 금액이 달라진다고요?

연말정산시 세액공제를 받을 수 있고, 55세부터 수령이 가능한 점은 동일하지만, 우리가 어떤 것을 선택하느냐에 따라 받는 연금의 수령액이 달라집니다.

연금저축신탁은 실적배당형 상품이기는 하지만 안전 자산 위주로 투자되는 시중금리형 상품에 가깝습니다. 두 가지 유형이 있는데 채권형의 경우 100% 채권으로 운용되며, 안정형의 경우 90%는 채권, 10%는 주식을 편입하는 형태로 투자됩니다. 운용 성격상 수익이 낮으며, 시중금리가 내려갈수록 수익률 또한 낮아집니다.

연금저축보험은 금리연동형 상품입니다. 적립금에 적용되는 공시이율이 매월 변합니다. 연금 수령액을 결정하는 중요한 요소가 바로 이 이율입니다. 공시이율은 시중의 지표금리에 연동하여 예정이율을 적용할 수 있도록 매월 공표하는 변동이율 체계입니다. 이 상품에서 꼭 알아야 하는 용어는 '최저보증이율'입니다. 시중 지표금리나 운용자산이익률이 하락하더라도 보험회사가 지급을 약속하는 최저금리입니다.

연금저축펀드는 실적배당형 상품으로 주식형, 혼합형(주식혼합/채권혼합), 채권형 등 다양한 투자가 가능하며 투자수익률이 연금 수령액에 영향을 줍니다. 주식형으로 연금저축펀드를 가입한 경우 주식시장이 상승하면 노후에 받는 연금 수령액도 높아집니다. 반대의 경우에는 손실로 인해 수령액이 줄어들 수 있습니다.

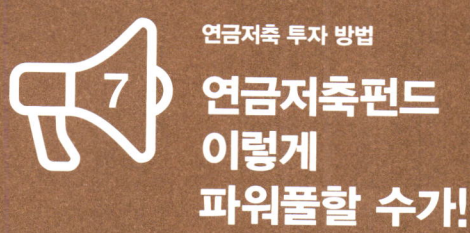

연금저축 투자 방법

연금저축펀드
이렇게
파워풀할 수가!

연금저축펀드의 가장 큰 장점은 '다양한 포트폴리오' 구성이 가능하다는 것입니다. 흔히 펀드라는 이름이 붙으면 주식형 펀드만을 떠올리는 경향이 있는데 절대 그렇지 않습니다.

[다양한 투자 포트폴리오 구성 가능]

국내외 주식, 채권, 혼합(주식혼합, 채권혼합)형뿐만 아니라 커머더티(commodity), 리츠(Reit's), MMF 등에도 투자가 가능합니다. 예를 들어 '국내 채권형 90% + 국내 주식형 10%'로 구성하면 '연금저축신탁-안정형'과 같은 구성이 가능하며, 나라별 대표 펀드들에 가입함으로써 글로벌 자산배분형 포트폴리오도 구축할 수 있습니다.

장난감 블록으로 여러 모양을 만들어내듯 연금저축펀드 계좌 안의 펀드라는 블록들로 자신이 원하는 포트폴리오를 구성할 수 있습니다.

[라이프사이클이나 시장 상황에 따른 투자 비중의 조절]

20~30대에게 물가상승률 수준에도 못 미치는 금리연동형 상품으로만 노후를 준비하라면 가혹할 수 있습니다. 지금까지 모은 자산은 안전하게 지키고픈 분들도 있을 것입니다. 연금저축펀드는 이런 문제를 해결해줍니다.

젊은 시절에는 주식형의 비중이 높은 공격적인 운용으로 수익률을 추구하고 은퇴를 앞두거나 수익률을 지키고 싶을 때는 안정적인 채권형 위주로 운용하면 됩니다. 주식시장에 대한 전망을 바탕으로 투자 비중을 조절할 수도 있습니다. 일반적인 펀드 투자의 경우 환매수수료 등의 문제로 인해 펀드 리밸런싱에 제약이 있을 수 있지만, 연금저축계좌 내에서는 환매수수료 없이 조절이 가능합니다.

[세제적인 측면의 혜택]

연금저축제도 자체에 이미 연간 400만 원까지 세액공제 혜택이 있습니다만, 추가로 연금저축펀드에서는 과세이연에 따른 복리 효과를 누릴 수 있습니다. 이자, 배당수익, 채권의 매매차익, 해외 펀드 투자수익 등에서 발생하는 세금을 지금 당장 내는 것이 아니라 연금 지급 시점으로 미룰 수 있다는 이야기입니다. 일반 펀드계좌는 매년 결산을 통해 세금을 냅니다. 물론 손실이 발생하면 세금을 내지 않겠지만 그렇다고 이전에 냈던 세금을 돌려주지도 않습니다. 이런 경우가 반복되면 최종 수익보다 더 많은 세금을 낼 수도 있습니다. 연금저축계좌는 연금으로 지급되는 시점에서만 결산하기 때문에 일반 펀드에 비해 세제 혜택이 큽니다.

연금저축펀드 관리

가입만 하면 끝이라고요? 조금만 신경 쓰면 노후가 달라집니다

국민연금, 퇴직연금은 고민할 필요가 없습니다. 나라와 회사가 알아서 가져가고 알아서 운용해 정해진 금액을 줍니다.(퇴직연금 DC형은 조금 다릅니다)

개인연금 중에서도 연금저축신탁, 연금저축보험에 가입하셨다면 신경쓸 일이 덜합니다. 하지만 연금저축펀드는 수익률을 높이고 지키기 위해 조금은 더 신경 써야 합니다.

연금저축펀드의 특성상 매월 자동이체를 통해 적립식 형태로 투자되기 마련입니다. 해마다 세액공제 한도인 400만 원씩 넣는다고 가정하면, 3~4년 정도는 크게 문제가 되지 않습니다만 그 이후에는 1,000만 원이 훌쩍 넘는 목돈이 되기 시작합니다. 400만 원일 때 수익률이 1% 움직인다면 위아래로 4만 원이 움직이는 것이라 대수롭지 않을 수 있는데요. 5년을 불입하면 원금만 2,000만 원이고, 1%가 움직인다면 20만 원이 움직입니다. 같은 1%라도 절대적인 변동 금액이 커지기 마련입니다.

연금저축은 최소 5년, 55세 수령시까지 사회 초년생의 경우 20년 이상 운용을 해야 하는 상품입니다. 그래서 가입으로 끝나는 게 아니라 계좌를 관리해야 합니다.

운용 자산의 관리는 일반적인 투자 자산 관리와 비슷합니다. "계란을 한 바구니에 담지 말라"는 말, 투자를 하지 않았던 사람들이라도 들어는봤을 겁니다. 위험에 대비해 자산을 분산하고, 투자의 비중을 조절하는 것이 중요합니다.

금리, 국내 및 해외의 주식이나 채권, 원자재, 부동산 등의 투자 자산별 연간 수익률을 보면 재미있는 점이 있습니다. 1등과 꼴찌가 항상 바뀐다는 거죠. 사람들은 1등을 쫓아가는 경향이 있습니다. 그러나 그 선택이 옳았던 적은 많지 않았습니다. 오히려 최악의 순간에 용기를 냈던 투자자들의 수익률이 좋았습니다. 그렇다면 우리는 어떻게 해야 할까요?

연금은 최소 5년에서 20년 이상을 운용해야 합니다. 그래서 리밸런싱의 원리를 아는 것이 중요합니다. 예를 들어 국내 주식과 채권만을 가지고 포트폴리오를 구성했을 때 주식시장이 항상 좋거나, 채권시장이 항상 좋을 수는 없습니다. 처음에 주식과 채권의 비중을 80:20으로 했다고 가정했을 때, 주식시장이 좋으면 이 비중은 85:15 정도로 바뀔 것입니다. 이때 욕심을 버리고 주식에서 수익이 난 부분만큼 80:20으로 원래의 비중을 맞추어줍니다.

이러한 리밸런싱 관리의 장점은 자연스럽게 연금저축펀드가 관리된다는 것입니다.

반대로 주식시장이 나빠져서 채권이 비중이 높아졌다면, 채권을 팔고 주식 비중을 높임으로써 주식에 대한 저가매수 효과를 낼 수 있습니다.

물론 이러한 자산 관리 전에 선행되어야 할 것은 투자자 본인에 대한 성향의 분석과 현실적이고 구체적인 목표 수익률을 정하는 것입니다.

믿을 수 없는 세상에서 나를 지키는

오만원
재테크

초판 인쇄	2016년 12월 8일
초판 발행	2016년 12월 13일
지은이	욱대표
펴낸이	김승욱
편집	김승관 한지완
디자인	최정윤
마케팅	방미연 최향모 오혜림 함유지
홍보	김희숙 김상만 이천희
제작	강신은 김동욱 임현식
펴낸곳	이콘출판(주)
출판등록	2003년 3월 12일 제406-2003-059호
주소	10881 경기도 파주시 회동길 210
전자우편	book@econbook.com
전화	031-955-7979
팩스	031-955-8855
ISBN	978-89-97453-77-1 13320

* 이 도서의 국립중앙도서관 출판예정도서목록(CIP)은 서지정보유통지원시스템
  홈페이지(http://seoji.nl.go.kr)와 국가자료공동목록시스템(http://www.nl.go.kr/kolisnet)에서
  이용하실 수 있습니다. (CIP제어번호: CIP2016029517)